EXPLICATION DES OUVRAGES

DE PEINTURE

SOCIÉTÉ DE PROTECTION

DES

ALSACIENS ET LORRAINS DEMEURÉS FRANÇAIS

Président : COMTE D'HAUSSONVILLE

EXPLICATION DES OUVRAGES

DE

PEINTURE

EXPOSÉS

AU PROFIT DE LA COLONISATION DE L'ALGÉRIE

PAR LES ALSACIENS-LORRAINS

Au Palais de la Présidence du Corps législatif
Le 23 Avril 1874

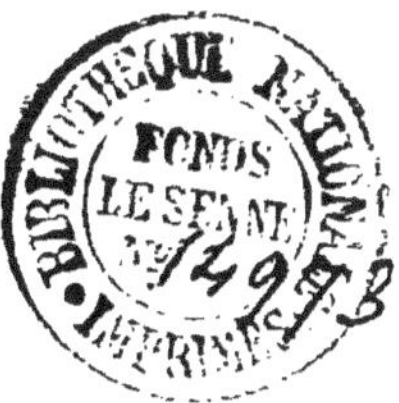

Prix du Catalogue : 1 franc

PARIS
IMPRIMERIE DE JULES CLAYE
7, RUE SAINT-BENOIT, 7

1874

LISTE DES AMATEURS

QUI ONT BIEN VOULU PRÊTER DES OBJETS D'ART

A L'EXPOSITION

DES ALSACIENS-LORRAINS

S. A. R. Mgr le duc d'Aumale.
Marquis d'Abzac.
Édouard André.
Mme Ernest André.
Mme veuve Aubry-Lecomte.
Auger.
Comte de Baillon.
Baron Bartholdi.
Mme la Baronne Fie Bartholdi.
Baze.
M. A. Bazilewsky.
Le prince de Béarn.
Mme la princesse Étienne de Beauvau.
Prince de Beauvau.
Eugène Bellangé.
Richard Bérenger.
Comte de la Béraudière.
Louis Berlier.
Élie Berthet.
Comte de Besenval.
Comtesse de Besenval.
Beurdeley.
Marquis de Biencourt.
Mme de Blocqueville.
P. Bondon.
Bonnaffé.
Charles Maillet du Boulay.
Mme Juliette de Bourge.
Comte Constantin Branicki.
Le duc de Broglie.
Burat.
Le baron de Bussierre.
Cacheux.
Le comte Ab. de Camondo.
Le comte N. de Camondo.
Comte de Canclaux.
Candamo.
Mme Carayon-Talpayrac.
Mme la vicomtesse de Cessac.
De Cauly.
Prince de Chalais.

Mme la comtesse de Chambrun.
Mme la marquise de Chanterac.
J. Claye.
Mme la comtesse de Clermont-Tonnerre.
Le marquis de Colbert.
Comédie-Française.
Cottier.
De Courcival.
Coster (Maurice).
Prince de Czartoriski.
Le baron Davillier.
G. Delahante.
Delaroche-Vernet.
Mme François Delessert.
Mme Gabrielle Delessert.
Le comte des Cars.
Le duc des Cars.
Vicomte de Digeon.
Mme Donon.
Mme la comtesse Duchatel.
Double.
Dumont.
Daumesnil.
Durand-Dassier.
Duvergier de Hauranne.
Mme Érard.
Mme la baronne d'Erlanger.
Escossuro.
Fau.
Mlle Favart.
Mme la comtesse de la Ferronays.
Feuillet de Conches.
S. A. R. Mgr le duc de Chartres.
Duc de Fitz-James.
Le comte Forestier de Boubert.
Édouard Fould.
Comte Foy.
Le duc de Galliera.
Mme la duchesse de Galliera.
Le marquis de Ganay.
Vicomte de Ganay.
Le baron de Gaujac.
Gatteaux.
Gélis.
Baron Gérard.
Gérôme.
Gigoux.
Goupil.
Mme la comtesse de Goyon.
Comte H. de Greffulhe.
Le marquis de la Guiche.
Charles Haas.
Eugène Hamot.
Le comte Bernard d'Harcourt.
Le comte d'Haussonville.
Le comte d'Hautpoul.
Hébert.
Heine.
Hollard.
Mme la baronne Hottinguer.
Le baron Hottinguer.
François Hottinguer.
A. Houssaye.
Le vicomte d'Hirnolstein.
Mme Ingres.
Baron d'Ivry.
Le marquis de Jaucourt.
Mme Kestner.
Labarthe.
Ladey.

Henri Layon.
Lallemand.
Lambert Sainte-Croix.
Mme la comtesse de Labespin.
Vicomte de Lamoignon.
Baron Latapie de Ligonil.
Le marquis du Lau.
Lavalard.
Eugène Lecomte.
Edmond Leclère.
Ledieu.
Mme Lée Childe.
Lefebvre, pour le vicomte de Montlivault.
A. Lecfrançois.
Ad. Léofanti.
Le Roy d'Étiolles.
A. de Longpérier.
Loyseau d'Entraigues.
Le comte de Luçay.
Duc de Luxembourg.
Mme la duchesse de Luynes.
Mme Lyne Stephens.
Maillard.
Charles Maillet.
Le docteur Mande.
Eudoxe Marcille.
Marcotte.
Pierre Margny.
Mme Marjolin-Schœffer.
Le général Martin des Pallières.
Mme Martinet.
Mitouflet.
Mme de Mohy-Pallier.
Adolphe Moreau.
La comtesse de La Moricière.
De Mornay.
Le duc de Mortemart.
Le marquis de Mortemart.
Le vicomte de Mortemart.
Mme la comtesse Mortier.
Marquis de Mun.
Musée de Caen.
Musée de Chartres.
Musée de Montauban.
Mme la comtesse de Nadaillac.
Mme la comtesse Nimissi Camondo.
Édouard Odier.
Gustave Odiot.
Émile Olliou.
Le vicomte d'Osembray.
S. A. R. Mgr le comte de Paris.
S. A. R. Mme la comtesse de Paris.
Marquis de Pange.
Aimé Pastré.
Perraud.
Émile Perrin.
Peyre.
Pigache.
Charles Pillet.
Eugène Piot.
Comte Edmond de Pourtalès.
Comte Robert de Pourtalès.
Préfecture de la Seine.
Rather.
Recappey.
Le vicomte Reille.
Frédéric Reiset.
Arthur Revenaz.
Gustave Revenaz.

Duc de Richelieu.
Ridgway.
Risler-Kestner.
Le comte de La Roche-Aymon.
Mme la baronne de Rothschild.
Le baron Adolphe de Rothschild.
Rothan.
De La Rozière.
A. des Roziers.
Princesse de Sagan.
De Saint-Albin.
P. de Saint-Victor.
Baron de Schwitter.
Marquis de Ségur.
Le baron Seillière.
Sérot.
Signol.
Baron de Soubeyran.
Stein.
Thiers.
De la Tournelle.
Le baron de Trétaigne.
Le baron Triquetti.
Comte de Turenne.
Le duc d'Uzès.
Richard Vanier.
Vautier-Galle.
Mme la comtesse de Vergennes.
Viardot.
Mme la comtesse Vigier.
Villeneuve.
Vincent.
Mme la marquise de Virieu.
Comte Charles de Vogué.
Le marquis de Vogué.
Le docteur Voillemier.
De Waziers.
Vicomte Welles de Lavalette.
Wilson.

Les membres du Comité ont l'honneur d'informer le public qu'ils se sont fait un devoir de conserver aux objets exposés les attributions données par les propriétaires.

DISPOSITIONS GÉNÉRALES

SALLE N° I

Tapisseries, Vases et Objets d'art.

SALLE N° II

Objets d'art, Curiosités, Dessins.

SALLE N° III

Portraits de personnages historiques, Peintures, Sculptures, Manuscrits et Reliures anciennes, Miniatures, Objets de vitrine.

Exposition de la Comédie-Française dans le fond de la salle.

SALLE N° IV.

Collection de Mme la duchesse de Galliera.

Ces tableaux proviennent du palais Brignolles-Salle, à Gênes.

SALLE N° V (Galerie).

Tableaux de toutes les écoles.

SALLE N° VI

Tableaux du XVIIIe siècle.

SALLE N° VII

Collection de S. A. R. Mgr le duc d'Aumale.

SALLE N° VIII

Statues, Meubles anciens, Objets d'art appartenant à la famille de Rothschild.

SALLE N° IX

Collection de Mme la comtesse Duchatel.

SALLE N° X

Tableaux de l'École moderne.

SALLE N° XI

Tableaux divers.

SALLE N° XII

Dessins et Aquarelles.

SALLE N° XIII

Tapisseries, Meubles anciens, Objets d'art et de Curiosité des xve et xvie siècle.

SALLE N° XIV

Tapisseries, Meubles anciens, Objets d'art et de Curiosité des xviie et xviiie siècles.

SALLE N° XV

Armes, Faïences de Delft et de Rouen, Tapisseries.

SALLE N° XVI

Tableaux et Dessins.

CATALOGUE

PEINTURE

ALBANI (FRANCESCO), Bologne, 1578 — 1660. Bologne. École bolonaise.

1. — Le Char d'amour.

H., 0^m,31. L., 0^m,43.

Collection de Mme la duchesse DE GALLIERA.

ALLEGRI (ANTONIO, dit IL CORREGIO), Corregio, 1494-1534. École lombarde.

2. — Amours.

Collection de M. BAZE.

ANTONELLO DA MESSINA (2e moitié du xve siècle). École italienne.

3. — Portrait d'homme.

H., 0^m,23. L., 0^m,17.

Collection de Mme la comtesse DUCHATEL.

ANDREA DEL CASTAGNO. École Florentine, xve siècle.

4. — Saint Jean-Baptiste, debout, vu de face.

H., 0^{m},22. L., 0^{m},16.

Collection de M. Frédéric REISET.

BACKUYSEN (Ludolph), Embden, 1631 — 1709, Amsterdam. École hollandaise.

5. — Marine.

H., 0^{m},66. L., 0^{m},80.

Collection de M. le comte Bernard d'HARCOURT.

BARBARELLI (Giorgio, dit Giorgione), Castelfranco, 1417 — 1511. École vénitienne.

7. — Portrait de femme.

H., 0^{m},73. L., 0^{m},58.

Collection de M. GIGOUX.

BAUDRY. École française.

8. — Léda.

H., 0^{m},55. L., 0^{m},35.

Collection de M. VILLENEUVE.

BELLANGÉ (Hippolyte). École française.

9. — La Garde meurt (18 juin 1815).

H., 0^{m},54. L., 0^{m},63.

10. — Épisode de la Retraite de Russie.

H., 1^{m},30. L., 0^{m},98.

Collection de M. Eugène BELLANGÉ.

BELLINI (GIOVANI), Venise, 1426 — 1516. École italienne.

11. — Sainte Famille.

H., 0^m,97. L., 0^m,67

Collection de Mme la comtesse DUCHATEL,

BERRÉ. École française.

12. — Paysage.

H., 0^m,32. L., 0^m,42.

Anonyme.

BLARENBERGHE (VAN).

13. — Camp.

H., 0^m,17. L., 0^m,14.

Collection de M. DOUBLE.

BOILLY (LOUIS-LÉOPOLD), la Bassée, 1761 — 1845, Paris. École française.

14. — Portraits de la famille G. 1787.

H., 0^m,55. L., 0^m,35.

Collection de M. ÉMILE PERRIN.

BONINGTON (RICHARD-PARHES), Nottingham, 1801 — 1828, Londres. École anglaise.

15. — Paysage dans le bois.

H., 0^m,40. L., 0^m,48.

Collection de M. J. CLAYE.

BOURDON (Sébastien), Montpellier, 1616 — 1671, Paris. École française.

16. — Buveurs.

Collection de M. ROTHAN.

BOUTS (Thierry). École flamande, xve siècle.

17. — Un duc de Bourgogne suivi d'hommes d'armes accompagne une châsse que portent quatre personnages vêtus de longues robes. Un nombreux clergé, prêtres, assistants, chantres, enfauts de chœur, reçoit le cortége sur le seuil de l'église. Dans le fond, un incendie, et le démon au milieu des flammes.

H., 0[m],78. L., 0[m],58.

Bois transporté sur toile.
Vente L. Lebreton, 1842, n° 83 du catalogue.
Collection de M. Frédéric REISET.

BRONZINO (Angiolo di Cosimo), Monticelli, 1502 — 1572. École florentine.

18. — Portrait de jeune homme.

H., 8[m],88. L., 8[m],88.

Collection de M. le comte de MORTEMART.

19. — Portrait de jeune homme.

Collection de Mme la princesse de SAGAN.
H., 0[m],95. L., 0[m],72.

BUONAROTTI (Michel-Angiolio), Arezzo, 1475-1564, d'après Martin Schœn.

20. — Saint Antoine tourmenté par les démons.

H., 0m,47. L., 0m,35.

Collection de M. le baron de TRIQUETI.

BOUCHER (François), Paris, 1704 — 1770, Paris. École française.

21. — Portrait de femme tenant un masque.

H., 0m,67, L., 0m,55.

Collection de M. Arsène HOUSSAYE.

22. — Portrait de Louis-Philippe, Ve duc d'Orléans, 1748-1793.

H., 0m,87. L., 0m,73.

Collection de M. le marquis du LAU.

23. — Le Joueur de flûte.

H., 0m,78. L., 0m,66.

24. — Les Plaisirs champêtres.

H., 0m,78. L.,0m,66.

Ces deux tableaux font partie de la collection de M. le marquis de VOGUÉ.

25. — Le Printemps.

26. — L'Été.

27. — L'Automne.

28. — L'Hiver.

Collection de M. RIDGWAY.

H., 0m,57. L., 0m,73.

29. — Femme couchée.

H., m, . L., m, .

Sujet traité plusieurs fois par le maître, mais sans la draperie rouge et en dimension plus grande; signé, daté 1745.

30. — La Peinture, signé, daté 1764.

31. — La Musique, signé, daté 1765. Gravé.

Toile. H., 1m,00. L., 1m,27.

Ont été peints pour l'électeur de Bavière; rapportés en France par le général de Saint-Maurice qui, après les avoir gardés roulés dans un grenier soixante ans, les vendit à M. Duboulay.

32. — Paysage.

H., 0m,85. L., 1,20.

Vient du graveur Gaucher, ami de Boucher.

Ces quatre tableaux font partie de la collection de M. ROTHAN.

BREUGHEL (JOHANN, dit DE VELOURS). Bruxelles, 1569-1625 ou 1642. École flamande.

33. — Paysage. Entrée de village.

Provenant de la collection du duc de Valentinois, 1725.

Collection de M. Paul DE SAINT-VICTOR.

CALCAR (JOHAN STEPHAN VON), Calcar 1499—1546, Naples. École vénitienne.

34. — Portrait portant l'inscription figurée au coin du tableau T. Gaffori.

H., m, . L., m, .

Provenant de M. Timbal. Ce portrait se trouvait dans le couvent des Augustins à Rome, qui en avait hérité avec d'autres peintures d'une galerie de Bologne.

Collection de M. ROTHAN.

CALIARI (PAOLO, dit PAOLO VÉRONÈSE), Vérone, 1528-1588. École vénitienne.

35. — Jeune homme en prière.

H., m, . L., ,m .

Collection de Mme la duchesse DE GALLIERA.

36. — Portrait à mi-corps d'une jeune femme vêtue de gris ; près d'elle un petit chien assis.

Toile. H., 1m,60. L., 0m,81.

Galerie du Régent. — Pourtalès, n° 124 du catalogue.

Collection de Mme LYNE STEPHENS.

CALLET. École française.

37. — Portrait de Louis XVI.

Collection de M. le comte DE LA BÉRAUDIÈRE.

CANALE (ANTONIO, dit CANALETTI). Venise, 1697 — 1768, Venise. École vénitienne.

38. — Place Saint-Marc, à Venise.

H., 0m,81. L., 1m,80.

(Collection Parent.)

Collection de M. le comte HENRI DE GREFFULHE.

CAPELLE (VAN DER). École hollandaise.

39. — Marine.

H., 0m,37. L., 0m,46.

Collection de M. DURAND-DASSIER.

CASANOVA (FRANÇOIS), Londres, 1730 — 1805, Brühl. École française.

40. — Après la bataille.

(Collection de Duclos Dufresnoy, 1795, de Gamba, 1811, de Saint, 1846, de Norblin, 1855)
Collection de M. BURAT.

CARACCI (ANNIBALE), Bologne, 1560 — 1609, Rome. École bolonaise.

41. — Le Sommeil de Vénus.

H., 1m,95. L., 3m,25.

Collection de S. A. R. Mgr le duc D'AUMALE.

CASTELLO (J.-B.). École italienne.

42. — La Flagellation.

H., 0m,30. L., 0m24.

Collection de Mme la duchesse DE GALLIERA.

CHAMPAIGNE (PHILIPPE DE), Bruxelles, 1602 — 1674, Paris. École flamande.

43. — Les Aveugles de Jéricho.

H., 1m,00. L., 1m,41.

Collection de M. le duc DE GALLIERA.

44. — Portrait de Colbert.

H., 0m,91. L. 0m,73.

Collection de M. ÉDOUARD ANDRÉ.

45. — La Visitation, composée pendant un voyage en Espagne pour la famille de Ros.

H., 1m,12. L. 1m,00.

Collection de M. le comte DE CANCLAUX.

46. — Portrait de Turenne.

Collection du MUSÉE DE CHARTRES.

H., 0m,64. L. 0m,54.

47. — Portrait d'Henriette d'Angleterre et de sa fille.

Collection de M. DUBOULAY.

48. — Portrait de Duvergier de Hauranne, abbé de Saint-Cyran.

H., 0m,73. L., 0m,60.

Collection de M. DUVERGIER DE HAURANNE.

49. — Portrait de Mme Guyon, née en 1648, Léonie-Marie Bouvier de la Motte, morte en 1717.

H., 0m,75. L., 0m,59.

Collection de M. le vicomte DE MONTLIVAULT.

50. — Portrait de Claude de Buillon.

H., m, . L., , .

Collection de Mme la duchesse DE LUYNES.

51. — Portrait de Religieuse.

H., 0m,90. L. 0m,80.

Galerie Pourtalès.

Collection de M. le comte ROBERT DE POURTALÈS.

52. — Portrait du cardinal de Richelieu. Gravé.

53. — Portrait du duc de Roannais, ami de Pascal qui portait, comme le dit Saint-Simon, « une manière d'habit ecclésiastique sans être jamais entré dans les ordres. »

Ces deux tableaux font partie de la collection de M. ROTHAN.

CHARDIN (JEAN-BAPTISTE-SIMÉON), Paris, 1699 — 1779, Paris. École française.

54. — Petite fille au volant.

H., 0m,80. L., 0m,65.

Collection de M. le marquis D'ABZAC.

55. — Instruments de musique.

H., 1m,44. L., 1m,12.

56. — Instruments de musique.

H., 1m,10. L., 1m,43.

57. — Nature morte, deux Lapins.

H., 0m,72. L., 0m,59.

58. — Nature morte, Lapin suspendu.

H., 0m,71. L., 0m,59.

59. — La Fontaine.

H., 0m,50. L., 0m,43.

60. — Instruments et Perroquet.

H., 1m,15. L., 1m,73.

61. — Instruments et Fruits.

H., 1m,15. L., 0m,73.

Ces sept tableaux font partie de la collection de M. EUDOXE MARCILLE.

62. — Nature morte.

H., 0m,39. L., 0m,31.

Collection de M. PAUL DE SAINT-VICTOR.

CHARLET (NICOLAS-TOUSSAINT). Paris, 1792 — 1845, Paris. École française.

63. — Napoléon Ier, le soir de Waterloo.

H., 0m,45. L., 0m,55.

Collection de M. ROTHAN.

CIGNANI (CARLO). École bolonaise.

64. — Madone.

H., 1m,30. L., 0m,95.

Collection de S. A. R. Mgr le duc D'AUMALE.

CLOUET ou CLOET (FRANÇOIS dit JEHANNET). Tours, 1500 — 1572. École française.

65. — Petit portrait d'homme vu en buste et de face, vêtu de noir et coiffé d'une toque noire.

Bois, H., 0m,15. L., 0m,12.

Collection de M. le vicomte DE LAMOIGNON.

66. — Les trois Grâces.

H., 0m,21. L., 0m,17.

67. — Portrait de Femme.

H., 0^m,20. L., 0^m,15.

Ces deux tableaux font partie de la collection de M. DOUBLE.

68. — Portrait d'homme.

H., 0^m,19. L., 0^m,15.

Collection de GAIGNIÈRES.

69. — Portrait du duc de Guise.

H., 0^m,31. L., 0^m,23.

Ces deux tableaux font partie de la collection de M. PAUL DE SAINT-VICTOR.

COCX (GONZALES COQUES dit), Anvers 1617-1684. École hollandaise.

70. — Un Intérieur.

H., 0^m,52. L., 0^m,74.

71. — Portrait d'une Famille de distinction.

H., 0^m,68. L., 0^m,92.

Ces deux tableaux font partie de la collection de M. DOUBLE.

COELLO (SANCHEZ), 1515-1590, Portugal. École espagnole.

72. — Portrait de Jeune homme.

H., 1^m,17. L., 1^m,37.

Galerie Pourtalès.
Collection de M. le comte EDMOND DE POURTALÈS.

73. — Portrait de Femme.

H., 0^{m},19. L., 0^{m},15.

Miniature à l'huile.
Collection de M. Paul de SAINT-VICTOR.

COGNIET (Léon), membre de l'Institut. École française.

74. — Portrait de femme et d'enfant.

H., 2^{m},05. L., 1^{m},40.

Collection de M. le duc de GALLIERA.

CONSTABLE (John), East Bergholt, 1776-1837, Londres. École anglaise.

75. — Paysage.

H., 0^{m},31. L., 0^{m},46.

Collection de M. Paul de SAINT-VICTOR.

COYPEL (Noel), Paris, 1628 — 1707, Paris. École française.

76. — Portrait de Noël Coypel et sa famille.

H., 1^{m},15. L., 0^{m},88.

Exposé au Salon de 1699.
Collection de M. DUMONT, de l'Institut.

COYPEL (Charles). École française.

77. — Portrait de Jeune femme tenant un médaillon.

H., 0^{m},80. L., 0^{m},65.

Collection de M. le marquis d'ABZAC.

CRANACH (Lucas), Cranach, 1472-1553. École allemande,

78. — Portrait d'Homme.

79. — Portrait d'Anne de Boleyn.

Ces deux tableaux font partie de la collection de de M. le comte d'HAUTPOUL.

80. — Portrait de Luther.

Un des vingt-sept portraits du Réformateur peints par Cranach. Il porte le monogramme et la date de 1545, année qui a précédé sa mort.

Provenance : galerie de S..., à Dresde; galerie du duc de Parme.

Collection de M. ROTHAN.

81. — Les deux Fiancés.

H., $0^m,61$. L., $0^m,44$.

Collection de M. Paul de SAINT-VICTOR.

CROME (John, dit old crome), Norwich, 1769 — 1821, Norwich. École anglaise.

82. — La Grange ; bois.

H., $0^m,62$. L., $0^m,76$.

Collection de M. WILSON.

CUYP (Aalbert), Dordrecht, 1605. École hollandaise.

83. — Vaches au pâturage.

H., $0^m,63$. L., 0^m 88.

Galerie Delessert.

Collection de M. le baron BARTHOLDI.

84. — Animaux au pâturage.

H., 1^{m},08. L., 1^{m},52.

Collection de M. le comte N. de CAMONDO.

85. — Paysage des bords de la Meuse.

H., 0^{m},46. L., 0^{m},56.

Collection de M. DURAND-DASSIER.

86. — Portraits allégoriques d'une famille.

H., 0^{m},82. L., 0^{m},66.

Collection de MM. LAVALARD.

87. — Portrait de femme à collerette.

H., 7^{m},77. L., 7^{m},77.

Galerie Péreire, signé, daté 1645.
Collection de M. ROTHAN.

88. — Vue de la Meuse.

H., 0^{m},42. L., 0^{m},75.

Collection de M. Louis VIARDOT.

DAEL (Jean-François van), Anvers, 1764 — 1840, Paris. École flamande.

89. — Bouquet de fleurs.

Toile. H., 1^{m},05. L., 0^{m},35.

Collection de M. Redron, sign , daté 1811.
Collection de M. ROTHAN.

DANLOUE, xviiie siècle. École française.

90. — Portrait de jeune femme, signé et daté 1793.

H., 0^{m},32. L., 0^{m},27.

Collection de M. ROTHAN.

DAVID (Jacques-Louis), Paris, 1748 — 1825, Bruxelles. École française.

91. — Portrait de M. Ingres, jeune homme.

H., 0m,55. L., 0m,48.

Collection de M. Édouard FOULD.

92. — Portrait de Macdonald.

Étude pour le tableau du Sacre.
Collection de M. ROTHAN.

93. — Portrait de la marquise d'Orvilliers.

H., 1m,33. L., 1m,00.

Collection de M. le comte de TURENNE.

94. — Portrait de Mlle Joly.

H., 0m,80. L., 0m,63.

Née en 1761, Mlle Joly débuta à la Comédie-Française en 1781 et mourut en 1798.
Collection de la COMÉDIE-FRANÇAISE.

DEBUCOURT (Philippe-Jean), Paris 1755-1832. École française.

95. — Fête de village.

H., 0m,80. L., 1m,00.

Collection de M. BURAT.

DECAMPS (Alexandre-Gabriel), Paris, 1803 — Fontainebleau, 1860. École française.

96. — Rébecca à la fontaine.

H., 0m,30. L., 0m,40.

97. — Porte-étendard.

H., 0m,40. L., 0m,35.

98. — Corps-de-garde turc.

H., 0m,80. L., 1m,40.

99. — École turque.

H., 0m,40. L., 0m,35.

100. — Bertrand et Raton.

H., 0m,15. L., 0m,20.

101. — Souvenir de la Turquie d'Asie.

H., 0m,90. L., 0m,73.

Ces six tableaux font partie de la collection de S. A. R. Mgr le duc D'AUMALE.

(Ces tableaux proviennent du cabinet de M. le marquis Maison.)

102. — Paysage.

H., 0m,15. L., 0m,22.

103. — Poulailler.

H., 0m,15. L., 0m,20.

104. — Paysage, âne et enfant.

H., 0m,43. L., 0m,65.

Collection de M. MAURICE COTTIER.

105. — Paysage.

Vente lord Seymour, 14 février 1860.

106. — Le Christ traversant le lac de Génézareth.

Ces deux tableaux font partie de la collection de M. ADOLPHE MOREAU.

107. — Joseph vendu par ses frères.

H., 0^m,98. L., 1^m,32.

Galerie de M. le duc D'ORLÉANS. (Vente 1853.)
Collection de Mme la princesse DE SAGAN.

108. — Les Sonneurs.

H., 0^m,57. L., 0^m,47.

Collection de M. DE LA TOURNELLE.

109. — Paysage avec figures.

H., 0^m,25. L., 0^m,36.

Collection de M. le comte WELLES DE LAVALETTE.

110. — Intérieur de cour en Italie.

H., 0^m,61. L., 0^m,50.

Signé en toutes lettres et daté. Decamps, 1842.
(Collection du baron Michel de Trétaigne.)
Collection de M. WILSON.

DELACROIX (FERDINAND-VICTOR-EUGÈNE), Charenton Saint-Maurice, 1799 — 1863, Paris. École française.

111. — Copie du portrait du Louvre, dit l'Homme noir, attribué à Francia.

Collection de S. A. R. Mme la comtesse DE PARIS.

112. — Entrée des Croisés à Constantinople. Esquisse.

H., 0^m,37. L., 0^m,38.

Collection de S. A. R. Mgr le duc D'AUMALE.

113. — Cléopâtre.

Collection de Mme CARAYON-TALPAYRAC.

114. — Hérodiade.

115. — Lionne.

116. — Marine.

Ces trois tableaux font partie de la collection de M. LAMBERT SAINTE-CROIX.

117. — Prisonnier de Chillon (salon de 1835).

Vente duchesse d'Orléans, 18 janvier 1853.

118. — Nature morte (salon de 1827).

Peint à Beffes, en 1826, pour le général de Coëtlosquet.

Ces deux tableaux font partie de la collection de M. ADOLPHE MOREAU.

119. — Tigre surpris par un serpent.

H., 0m,33. L., 0m,40.

Peint sur carton.
Collection de M. WILSON.

120. — Charles-Quint au couvent de Saint-Just.

H., 0m,87. L., 1m,15.

Anonyme.

DELAROCHE (PAUL), Paris 1797 — 1856, Paris.
École française.

121. — Assassinat du duc de Guise.

H., 0m,58. L., 0m,85.

Galerie du duc d'Orléans (vente 1853).
Collection de S. A. R. Mgr le duc D'AUMALE.

122. — Évanouissement de la Vierge.

123. — Retour du Golgotha.

Ces deux tableaux font partie de la collection de M. DELAROCHE-VERNET.

DEMARNE (JEAN-LOUIS), Bruxelles, 1744 — 1829, Paris. École française.

124. — Le Marché aux bestiaux.

Collection de M. ROTHAN.

H., 0^m,55, L., 0^m,80.

DESPORTES (FRANÇOIS), Champigneul, 1661 — 1743, Paris. École française.

125. — Nature morte, fruits, argenterie.

H., 1^m,87. L., 1^m,00.

Collection de M. le comte de la BÉRAUDIÈRE.

DIAZ DE LA PENA (NARCISSE-VIRGILE), Bordeaux, 1809. École française.

126. — Jeune fille et Amour.

H., 0^m,27. L., 0^m,18.

Collection de Mme LEE CHILDE.

DOLCI (CARLO), Florence, 1616-1686. École florentine.

127. — Notre-Seigneur au jardin des Oliviers.

H., 0^m,40. L., 0^m,31.

Collection de la Mme duchesse de GALLIERA.

DROLLING (Martin), Oberberghein, 1752 — 1817, Paris. École française.

128. — Maison à vendre.

H., 0^m,48. L., 0^m,35.

Salon de 1801.

Collection de la duchesse de Berry (1865).

129. — Jeune fille chantant, accompagnée par un jeune homme.

H., 0^m,58. L., 0^m,42.

Drolling s'est représenté lui-même dans le *Joueur de flûte,* et l'enfant reproduit les traits de son fils qui devint membre de l'Institut (signé et daté de l'an VI).

Ces deux tableaux font partie de la collection de M. BURAT.

DROUAIS (François-Hubert), Paris, 1727 — 1775, Paris. École française.

130. — Portrait de la marquise de Montesquiou-Fezensac et de sa fille la marquise de Lastic.

Ovale. H., 0^m,72. L., 0^m,58.

131. — Portrait du comte de Montesquiou-Fezensac.

Ovale. H., 0^m,70. L., 0^m,56.

Ces deux tableaux font partie de la collection de Mme la vicomtesse de CESSAC.

132. — Portrait de MM. de Choiseul.

H., 1^m,37. L., 1^m,06.

Collection de M. le vicomte de DIGEON.

133. — Portrait de Femme.

H., ^{m}, . L., ^{m}, .

Collection de M. le comte d'HAUTPOUL.

134. — Portrait d'Enfant.

H., 0^m,67. L., 0^m,60.

135. — Portrait d'Enfant.

H., 0^m,67. L., 0^m,60.

Ces deux portraits font partie de la collection de M. le marquis DE PANGE.

136. — Portrait de Femme.

H., 0^m,68. L., 0^m,55.

Collection de M. PAUL DE SAINT-VICTOR.

DUCREUX (JOSEPH), Nancy, 1737-1802. École française.

137. — Portrait de l'auteur.

H., 0^m,60. L., 0^m,48.

Collection de M. EUDOXE MARCILLE.

DUPLESSIS (JOSEPH-SIFREDE), Carpentras, 1725-1802. École française.

138. — Portrait de Louis XVI.

Esquisse gravée dans la même dimension et faite pour un concours où figurèrent Greuze e Callet.

Vente Baroilhet.

Collection de M. ROTHAN.

139. — Portrait de Gluck.

Collection de Mme ÉRARD.

140. — Portrait de Gluck improvisant.

Collection de M. Louis VIARDOT.

DUSART (Cornélis), Harlem, 1660 — 1704. École hollandaise.

141. — Cabaret.

H., 0m,46. L., 0m,40.

Collection de M. le comte de TURENNE.

DYCK (Anton van), Anvers, 1599 — 1641, Londres. École flamande.

142. — Le Denier de César.

H., 1m,50. L., 1m,35.

Collection de Mme la duchesse de GALLIERA.

143. — Portrait d'homme.

H., 1m,04. L., 1m,12.

Galerie Salamanca.

Collection de M. Édouard ANDRÉ.

144. — Le Christ mort, entouré de saint Jean et des saintes Femmes.

H., $0^{m},80$. L., $1^{m},10$.

Collection de M. PAUL BONDON.

145. — Portrait du maréchal de Bassompierre, colonel général des Suisses, chevalier des ordres du roi, né le 12 avril 1579, mort le 12 octobre 1646.

H., $0^{m},72$. L., $0^{m},54$.

Ce portrait a appartenu au duc de Choiseul, fils de Françoise-Louise de Bassompierre, petite-nièce du maréchal. Il est revenu par succession à la famille de Bassompierre.

Collection de Mme la marquise DE CHANTERAC, née Bassompierre.

146. — Renaud et Armide.

H., $0^{m},59$. L. $0^{m},44$.

Collection de M. J. CLAYE.

147. — Portrait du conseiller Marcleur.

H., $0^{m},72$. L., $0^{m},59$.

(Collection Scamp de Gand.)
Collection de M. le comte H. DE GREFFULHE.

148. — Portrait de Michel Le Blon, agent de la reine et couronne de Suède en Angleterre. Gravé.

H., $0^{m},76$. L., $0^{m},59$.

(Galerie Delessert).
Collection de M. le baron HOTTINGUER.

149. — Tête de femme; esquisse peinte à l'huile.

H., m, . L., m, .

Collection de M. EUGÈNE PIOT.

EISEN (le jeune).

150. — Intérieur d'atelier.

Collection de M. le comte de la BÉRAUDIÈRE.

EVERDINGEN (ALDERT VAN), Alkmaar, 1621 — 1675, Alkmaar. École hollandaise.

151. — Tempête.

Toile. H., 0m,97. L., 1m,21.

Collection de M. FRÉDÉRIC REISET.

EYCK (école de Van).

152. — Saint Dominique.

H., 0m,11. L., 0m,07.

Collection de M. EDMOND LECLERC.

153. — Deux petits portraits d'homme et de femme en buste et se faisant pendants; l'homme est vêtu d'un habit garni de fourrure. La femme est coiffée d'un grand bonnet blanc à capuchon, tournant autour du cou; fond rouge.

Bois. H., 0m,12. L. 0m,17.

Collection de M. FRÉDÉRIC REISET.

FILIPEPI (ALEXANDRO, dit SANDRO BOTTICELLI), Florence, 1547-1515. École florentine.

154. — Vierge et Enfant Jésus.

H., 0m,82. L., 0m,60.

Collection de S. A. R. Mgr le duc D'AUMALE.

155. — Sainte Famille.

H., 0^{m},85. L., 9^{m},00

156. — Tête de jeune homme.

H., 0^{m},41. L., 0^{m},31.

Ces deux tableaux font partie de la collection de M. le baron DE TRIQUETI.

FRAGONARD (JEAN-HONORÉ), Grasse, 1732 — 1806, Paris. École française.

157. — Tête de femme.

Collection de Mme ERNEST ANDRÉ.

158. — La Lettre.

159. — Portrait de la Guimard.

H., 0^{m},36. L., 0^{m},29.

Ces deux tableaux font partie de la collection de M. le comte de LA BÉRAUDIÈRE.

160. — Portrait de femme.

Collection de M. FEUILLET DE CONCHES.

161. — Le Contrat.

H., m, . L., m, .

Collection de M. le comte D'HAUTPOUL.

162. — Tête de jeune fille.

H., m, . L., m, .

Collection de M. le baron D'IVRY.

163. — La Folie.

H., 0^{m},40. L., 0^{m},30.

Collection de M. EUDOXE MARCILLE.

164. — Cache-cache.

H., 0^m,48. L., 0^m,62.

(Collection Baroilhet.)
Collection de M. WILSON.

FROMENTIN (EUGÈNE). École française.

165. — Chasse au faucon.

H., 0^m,98. L., 1^m,40.

Collection de S. A. R. Mgr le duc D'AUMALE.

GARNERAY (JEAN-FRANÇOIS), Paris 1755 — 1837. École française.

166. — Portrait du baron de Trenck.

Collection de Mme la marquise DE BLOCQUEVILLE.

FRA GALGARI, dit le BERGAMASQUE.

167. — Portrait de jeune homme.

H., 0^m,48. L., 0^m38,.

Collection de M. ROTHAN.

GELLÉE (CLAUDE), dit LORRAIN, château de Chamagne, 1600 — 1682, Rome. École française.

168. — Grand paysage; effet de soleil levant.

H., m, . L., m, .

Galerie Pourtalès.
Collection de M. le marquis DE GANAY.

GÉRARD (Baron François), Rome, 1770 — Paris, 1837. École française.

169. — Portrait de Mme de Staël.

Collection de M. le duc de BROGLIE.

170. — Portrait du roi de Rome.

H., 0m,50. L., 0m,62.

Collection de Mme la vicomtesse de CESSAC.

171. — Portrait de Ducis.

H., 0m,65. L., 0m,54.

172. — Portrait de la comtesse du Cayla.

H., 0m,65. L. 0m,54.

Ces deux tableaux font partie de la collection de M. le baron GÉRARD.

173. — Portrait de Mme Récamier.

H., 2m,25. L. 1m,52.

Collection de la Préfecture de la Seine.

174. — Portrait de Mlle Georges.

H., 0m,65. L., 0m,51.

Galerie Pourtalès.

Collection de M. le comte Edmond de POURTALÈS.

175. — Portrait de Mlle Duchesnois.

H., 0m,60. L., 0m,50.

Collection de M. ROTHAN.

176. — Portrait de Mlle Mars.

H., 0m,65. L., 0m,15.

Anonyme.

GÉRICAULT (Jean-Louis-André-Théodore), Rouen, 1791 — 1824, Paris. École française.

177. — Cheval sortant de l'écurie.

H., 0^m,35. L., 0^m,45.

Collection de S. A. R. Mgr le duc d'AUMALE.

178. — Tête d'homme dite le Penseur, ou Portrait de lord Byron.

H., 0^m,61. L., 0^m,50.

Collection de M. J. CLAYE.

179. — Taureaux romains.

H., 0^m,57. L., 0,48.

Collection de M. le vicomte de LAMOIGNON.

180. — La Méduse. Esquisse.

Vente de la duchesse de Montebello, avril 1857.
Collection de M. Adolphe MOREAU.

GÉROME (Jean-Léon), Vesoul, 1824. École française.

181. — Les Suites d'un bal masqué.

H., 0^m,50. L., 0^m,70.

Collection de S. A. R. Mgr le duc d'AUMALE.

GIOVANE (Francesco), 1550.

182. — Les Vierges folles et les Vierges sages.

H., 0^m,70. L., 1^m,04.

Collection de Mme MARTINET.

GIOVANNI (FRA) da Fiesole, dit l'ANGELICO ou IL BEATO ANGELICO, Vicchio, 1387 — 1455, Rome. École florentine.

183. — Saints Martyrs.

H., 0m,12. L., 0m,21.

Collection de M. GATTEAUX.

184. — Sainte Famille.

H., 0m,19. L., 0m,29.

Collection de M. le baron DE TRIQUETTI.

ANGELICO (École de Beato).

185. — Saint Jérôme agenouillé dans une grotte, au pied de la croix. Dans le haut, une gloire d'anges.

H., 0m,17. L., 0m,26.

Collection de M. FRÉDÉRIC REISET.

GOES (VAN DER). École hollandaise.

186. — Sainte Famille.

Rond. H., 0m,22. L., 0m,22.

Collection de M. ROTHAN.

GOYA. École espagnole.

187. — Le Mariage grotesque.

Collection de M. PAUL DE SAINT-VICTOR.

H., 3m,31. L., 3m,59.

GOYEN (JEAN VAN), Leyde, 1596 — 1666, La Haye. École hollandaise.

188. — Marine. Le Calme plat.

H., m, . L., m, .

Collection d'ÉTIENNE ARAGO. Monogr. et date 1633. Gravé.

189. — La Chapelle.

H., m, . L., m, .

Monogr. daté 1642.

Ces deux tableaux font partie de la collection de M. ROTHAN.

GREUZE (JEAN-BAPTISTE), Tournus, 1725 — 1805, Paris. École française.

193. — L'Accordée.

H., 0m,45. L., 0m,37.

194. — Jeune Garçon.

(Cabinet de M. le marquis MAISON.)

Ces deux tableaux font partie de la collection de S. A. R. Mgr le duc D'AUMALE.

H., 0m,55. L., 0m,37.

195. — Portrait de Mme de Courcelles.

Ovale. H., 0m,80. L., 0m,60.

196. — Portrait de Mlle de Courcelles, depuis comtesse de Guibert.

Ces deux tableaux font partie de la collection de la comtesse DUCHATEL.

Ovale. H. 0m,80. L., 0m,60.

197. — Portrait de jeune fille.

H., 0m,41. L., 0m,33.

Collection du duc DE GALLIERA.

198. — Portrait de Wille, graveur.

H., 0^m,58. L., 0^m,49.

(Galerie Delessert.)
Collection de M. Édouard ANDRÉ.

199. — Portrait de M. Édouard Bertin, enfant.

Collection de Mlle Louise BERTIN.

200. — La Lecture de la Bible.

Cabinets Lalive de Jully, Randon de Boisset, Saint-Julien, Clos, Aynard.

(Galerie Delessert.)

Collection de la baronne BARTHOLDI, née DELESSERT.

201. — Portrait de jeune fille.

H., 0^m,44. L., 0^m,36.

Collection de M. J. CLAYE.

202. — La Dame de charité.

H., 1^m,12. L., 1^m,48.

Vente A. Demidoff, 1863.
Collection de M. Gustave DELAHANTE.

203. — Portrait de Mme des Cars, née Pauline de Laborde.

H., 0^m,60. L., 0^m,50.

Collection de Mme Gabriel DELESSERT,

204. — Portrait de femme.

H., 0^m,46. L., 0^m,40.

Collection de M. DOUBLE.

205. — La Vestale.

H., 0^m,55. L., 0^m,46.

Collection de Mme la baronne D'ERLANGER.

206. — La Savonneuse.

H., 0^m,40. L., 0^m,32.

Salon de 1761.
Collection de Mme la comtesse DE LA FERRONNAYS.

207. — Portrait de M. de la Live de Jully, jouant de la harpe.

H., 1^m,14. L. 0^m,89.

Collection de Mme la comtesse DE GOYON.

208. — Portrait de la marquise de Champcenetz.

H., 0^m,68. L. 0^m,55.

(Collection JACQUES REIZET.)
Collection de M. le comte HENRI DE GREFFULHE.

209. — Portrait de Louis XVI jeune.

H., ^{m}, . L., ^{m}, .

Collection de M. le comte D'HAUTPOUL.

210. — Portrait de femme.

Collection de M. LOYSEAU D'ENTRAIGUES.

H., ^{m}, . L., ^{m}, .

211. — Portrait de Babuti, libraire, beau-frère de Greuze.

Forme ovale. H., 0^m,59. L., 0^m,48.

Diderot parle avec enthousiasme de ce portrait, qui fut exposé au Salon de 1761.

212. — Le Savetier ivre. Sa femme et ses enfants l'assaillent, à son retour du cabaret, en lui demandant du pain.

H., 0^m,72. L., 0^m,95.

Cabinet du marquis de Very. — Vente la Reyrière, 1792.

Ces deux tableaux font partie de la collection de Mme LYNE STEPHENS.

213. — Portrait de femme.

H., 0^m,60. L., 0^m,48.

Collection de M. EUDOXE MARCILLE.

214. — Portrait d'homme.

Collection de M. ROTHAN.

215. — Le Favori.

Galerie de SAN-DONATO. (Vente 1870.)

Collection de M. le baron ADOLPHE DE ROTHSCHILD.

216. — Portrait de M. de Crussol.

H., 0^m,56. L., 0^m,47.

Collection de M. le comte WELLES DE LAVALETTE.

GROS (Antoine-Jean), baron. Paris, 1771 - 1835, École française.

217, — La Marquise Brignoles Salle et ses enfants.

Ovale, 0m,19.

Collection de Mme la duchesse de GALLIERA.

218. — Portrait de M. Galle, graveur en médailles et membre de l'Institut.

H., m, . L., m, .

Collection de M. VAUTIER-GALLE.

GUARDI (Francesco), Venise, 1712-1793. École vénitienne.

219. — Vue de Venise.

H., 1m,15. L., 1m,35.

Collection de Mme la comtesse DUCHATEL.

220. — Vue de Venise.

H., 0m,60. L., 0m,74.

Fête devant Saint-Georges, majeur.

Collection de M. le comte N. de CAMONDO.

221. — Vue de l'Académie, à Venise.

H., 0m,34. L., 0m,44.

Collection de M. LALLEMAND.

222. — La Piazetta.

H., 0m,16. L., 0m,30.

223. — La Douane.

H., 0^m,16. L., 0^m,30.

Ces deux tableaux faisaient partie de la collection de M. Leblond.

Collection de M. ROTHAN.

224. — Paysage.

H., 0^m,25. L., 0^m,39.

Collection de M. PAUL DE SAINT-VICTOR.

GUYARD (Mme, née LABILLE). École française.

225. — Portrait de S. A. R. Mme Adélaïde.

Collection de M. le comte de la BÉRAUDIÈRE.

HALS (FRANS), Malines, 1584 — 1666, Harlem, École flamande.

226. — Portrait d'un bourgmestre.

H., m, . L., m, .

Collection de M. le comte CONSTANTIN BRANICKI.

227. — Portrait d'homme.

H., 0^m,25. L., 0^m,20.

Collection de M. DOUBLE.

228. — Portrait d'homme.

H., 0^m,87. L., 0^m,69.

Collection de MM. LAVALART.

228 *bis*. — Buveurs, esquisse.

Monogr. pan.

229. — La Femme au gant.

H., m, . L., m, .

Collection de M. Sirot.

230. — Portrait d'homme au manteau gris.

H., m, . L., m, .

Ces trois tableaux font partie de la collection de M. ROTHAN.

231. — Portrait de Scriverius.

H., 0m,21. L., 0m,16.

232. — Portrait de la femme de Scriverius.

H., 0m,21. L., 0m,16.

233. — Portrait d'un membre de la famille Achade Van Westrum.

H., 0m,74. L., 0m,66.

234. — L'Homme à la canne.

H., 0m,66. L., 0m,54.

Ces quatre tableaux font partie de la collection de M. WILSON.

HEEM (HAN DAVIDZ DE), Utrecht, 1600 — 1674, Anvers. École hollandaise.

235. — Fleurs.

H., 1m,15. L., 1m,40.

Collection de Mme la comtesse DUCHATEL.

236. — Fleurs.

Collection de M. LEROY D'ÉTIOLLES.

237. — Vanitas.

H., 0m,55. L., 1m,15.

Collection de M. WILSON.

HEYDEN (JEAN VAN DER), Gorcum, 1637 — 1712. École hollandaise.

238. — Vue d'une place.

H., 0m,48. L., 0m,55.

Figures d'Adrian Van de Velde.
(Galerie DELESSERT.)
Collection de M. le baron HOTTINGUER.

239. — Paysage.

H., 0m,34. L., 0m,40.

240. — Paysage avec figures, d'Adrian van de Veldes.

H., 0m,34. L. 0m,38.

Ces deux tableaux font partie de la collection de M. DOUBLE.

HOBBEMA (MEINDERT), 1663. École hollandaise.

241. — Forêt.

H., 0m,92. L., 1m,32.

(Galerie de l'Élysée ; galerie DEMIDOFF.)
Collection de Mme la princesse DE SAGAN.

242. — Paysage.

Collection de M. le marquis D'ABZAC.

HILAIR, XVIIIe siècle. École française.

243. — Ruines.

Collection de M. ROTHAN.

H., 0m,22. L., 0m,35.

HOLBEIN (Hans), le jeune, Augsbourg, 1498 — 1554, Londres.

244. — Portrait de Jean de Carondelet, chancelier de Bourgogne.

H., 0m,75. L., 0m,60.

Collection de Mme la comtesse DUCHATEL.

245. — Portrait de femme.

H., 0m,55. L., 0m,42.

Collection de Mme la duchesse DE GALLIERA.

246. — Portrait d'homme vu de profil.

H., m, . L., m, .

Collection de M. de LA ROZIÈRE.

HONDEKOETTER (Melchior), Utrecht, 1636 — 1695. École hollandaise.

247. — Oiseaux dans un parc.

H., 1m,20. L., 1m,50.

Provenant de la galerie du prince de Kaunitz.
(Signé. Toile. Gravé.)
Collection de M. ROTHAN.

248. — Basse-cour.

Collection de M. le marquis D'ABZAC.

HOOGHE (Pietter de), XVIe siècle. École hollandaise.

249. — Intérieur d'appartement.

H., 0m,64. L., 0m,55.

Collection de M. le comte DE TURENNE.

HUYSMANS (DIT DE MALINES), Anvers, 1648—1727.
École flamande.

249. — Paysage.

H., 0^m,20. L., 0^m,25.

Collection de M. CAMILLE RISLER KESTNER.

251. — Le Ravin.

(Collection de M. Auguiot).
Collection de M. ROTHAN.

INGRES.

252. — Portrait de S. A. R. Mgr le duc d'Orléans.

H., 1^m,56. L., 1^m,20.

Collection de S. A. R. Mgr le comte DE PARIS.

253. — Françoise de Rimini.

H., 0^m,35. L., 0^m,28.

254. — La Stratonice.

H., 0^m,57. L., 0^m,97.

(Galerie du duc d'Orléans).
Collection de S. A. R. Mgr le duc D'AUMALE.

255. — Œdipe et le Sphinx.

H., 2^m,85. L., 1^m,40.

(Galerie du duc d'ORLÉANS.)
Collection de Mme la comtesse DUCHATEL.

256. — La Source.

H., ^{m}, . L., ^{m}, .

Collection de Mme la comtesse DUCHATEL.

257. — Portrait de M. Bertin l'aîné.

Collection de Mlle LOUISE BERTIN.

H., 1^m,60. L., 0^m,80.

258. — Angélique.

H., 1^m,00. L., 0^m,75.

Collection de M. GONZALÈS DE CANDAMO.

259. — Tête d'homme.

H., 0^m,40. L., 0^m,30.

Collection de M. Maurice COTTIER.

260. — Le Maréchal de Berwick recevant l'ordre de la Toison d'or des mains de Philippe V.

H., 0^m,83. L., 1^m,05.

Collection de M. le duc FITZ-JAMES.

261. — Portrait de Mme la comtesse d'Haussonville.

H., m, . L., m, .

Collection de M. le comte d'HAUSSONVILLE.

262. — L'Age d'or.

H., 0^m,58. L. 0^m,63.

Collection de Mme INGRES.

263. — Odalisque ; esquisse.

H., 0^m,14. L., 0^m,25.

Collection de Mme LEE CHILDE.

264. — L'Odalisque et l'Esclave.

Collection de M. MARCOTTE.

265. — Portrait de M. C... fait à Rome en 1811.

H., 0^m,90. L., 0^m,60.

Le fond du portrait a été peint par Granet et représente le temple de la Sibylle, à Tivoli.

Collection de Mme la comtesse MORTIER.

266. — Portrait de l'auteur à l'âge de vingt-quatre ans. Il est debout devant un chevalet.

Toile. H., 0^m,61. L., 0^m,77.

Signé : EFF. J. A. INGRES Por Fit PAis, 1804.

267. — Portrait de Mme de Vauçay, assise, le bras gauche recouvert d'un châle jaune.

Toile. H., 0m,59. L., 0m,76.

Signé : J. INGRES. ROM., 1807.

268. — Vénus Anadyomène.

Toile. H., 1m,63. L., 0m,92.

Signé : J. INGRES FACIEBAT, 1808 et 1848.
Collection de M. FRÉDÉRIC REISET.

269. — Odalisque.

H., 0m,90. L., 1m,60.

Galerie Pourtalès.
Collection de Mme la princesse DE SAGAN.

JOHANNOT (TONY).

270. — Mina et Brenda.

H., 0m,60. L., 0m,48.

Collection de M. le duc DE RICHELIEU.

JOUVENET (d'après), Rouen, 1644 — 1717. École française.

271. — Portrait de Thomas Corneille.

H., 0m,67. L., 0m,56.

Le sculpteur Caffieri fit faire cette copie d'après le portrait original appartenant à la famille Corneille, afin d'exécuter le célèbre buste de Th. Corneille. Il offrit cette copie à la Comédie-Française le 24 novembre 1777.

Collection de la COMÉDIE-FRANÇAISE.

KALF (Willem), 1695, Amsterdam. École hollandaise.

273. — Le Plat de Delft.

H., 0^m,68. L., 0^m,56.

Collection de M. WILSON.

LANCRET (Nicolas), Paris, 1690 — 1743, Paris.

274. — Joueur de basse.

H., 0^m,50. L., 0^m,41.

Ce personnage rappelle beaucoup les traits de Watteau.
Collection d'Houdetot, 1859.
Collection de M. BURAT.

275. — Plaisirs champêtres.

H., 0^m,48. L., 0^m,57.

Collection de M. Ch. de HAAS.

276. — La Conversation.

Collection de M. le comte d'HAUTPOUL.

277. — La Dame au parasol ; toile ; gravé.

H., 0^m,57. L., 0^m,64.

Collection de M. ROTHAN.

279. — Scène champêtre.

Collection de Mme la baronne Gustave de ROTHSCHILD.

280. — La Maréchale de Luxembourg.

H., 0^m,58. L., 0^m,73.

Collection de M. WILSON.

LARGILLIÈRE (NICOLAS), Paris, 1656 — 1746. École française.

281. — Portrait de Mlle Duclos.

H., 1m,58. L., 1m,28.

Légué par Mlle Duclos à la Comédie-Française, par testament à la date du 24 avril 1743.

282. — Portrait de Regnard.

H., 0m,80. L., 0m,64.

Donné par M. Arsène Houssaye.
Collection de la COMÉDIE-FRANÇAISE.

283. — Portrait de femme.

H., 1m,40. L., 1m,08.

Collection de Mme KESTNER.

284. — Esquisse terminée d'un tableau exécuté à l'occasion de la convalescence de Louis XIV en 1687; il représente le repas que la ville donna à ce prince à son retour de Notre-Dame. On y voit les portraits de MM. Lenoir, Bellier Mareschal, Telcoins, M. Titon, procureur du roi, et M. Mandier, greffier.

H., 0m,32. L., 0m,52.

Le tableau, donné par M. de Caumartin pour une des salles de l'Hôtel de ville, a été détruit en 1793.

Collection de MM. LAVALARD.

285. — Portrait de la duchesse de Sully, née Jeanne-Marie-Joseph Guyon, née en 1676, morte le 31 décembre 1736.

H., 0m,75. L., 0m,59.

Collection de M. le vicomte DE MONTLIVAUT.

286. — Portrait de Thomas Germain.

H., 1m,47. L., 1m,15.

Collection de M. GUSTAVE ODIOT.

287. — Portrait de l'auteur en tenue d'atelier, tenant un portefeuille.

H., m, . L., m, .

288. — Portrait de Keller, le fondeur.

289. — Portrait de Foret, le peintre.

Ces trois tableaux font partie de la collection de M. ROTHAN.

LAWRENCE (Sir THOMAS), Bristol, 1769 — 1830, Londres.

290. — Portrait du duc de Richelieu.

H., 0m,85. L., 0m,75.

Collection de M. le duc DE RICHELIEU.

291. — Portrait de lady Ellenborough.

Étude en buste pour le portrait de cette femme célèbre, morte récemment en Syrie.

H., m, . L., m, .

Collection de M. WILSON.

LE BRUN (CHARLES), Paris, 1619 — 1790. École française.

H., m, . L., m, .

292. — Portrait de Pierre Corneille.

H., 0m,68. L., 0m,56.

Le sculpteur Caffieri fit faire cette copie d'après le portrait original appartenant à la famille de Corneille, afin d'exécuter le buste célèbre de P. Corneille. Il offrit cette copie à la Comédie-Française le 24 novembre 1777.

Collection de la COMÉDIE-FRANÇAISE.

LE BRUN (ÉLISABETH-LOUISE VIGÉE), Paris, 1755 — 1842. École française.

293. — Portrait de la reine Marie-Antoinette.

H., 0m,92. L., 0m,74.

Collection de M. le marquis DE BIENCOINT.

294. — Portrait de la comtesse de Montesquiou-Fezensac, qui fut gouvernante du roi de Rome.

H., 0m,74. L., 0m,60.

Collection de Mme la vicomtesse DE CESSAC.

295. — Portrait du comte de Vaudreuil.

H., 1m,30. L., 0m,97.

Collection de Mme la vicomtesse DE CLERMONT-TONNERRE.

296. — Un médaillon représentant la reine Marie-Antoinette.

H., 0m,26. L., 0m,21.

Collection de M. le comte DE CLERMONT TONNERRE.

297. — Portrait de la vicomtesse de Virieu.

H., 0m,73. L., 0m,60.

Collection de M. le marquis DE GANAY.

298. — Portrait de Mme Vigée-Lebrun.

H., 0m,65. L., 0m,55.

(Collection de M. Jacques REISET.)
Collection de M. le comte H. DE GREFFULHE.

299. — Portrait de Mme la marquise de la Guiche.

H., 1m,15. L., 0m,88.

Collection de M. le marquis DE LA GUICHE.

300. — Portrait du comte de la Blache.

H., m, . L., m, .

Collection de M. le comte D'HAUSSONVILLE.

301. — Portrait de Mme la comtesse d'Andlau.

H., 0m,61. L., 0m,50.

Collection de M. le marquis DE MUN.

302. — Portrait de jeune femme, daté 1785 et marqué Mlle Br...

Pourrait être celui de Mlle Bélier.
Collection de M. ROTHAN.

H., 0m,55. L., 0m,42.

303. — Portrait du marquis de Ségur, maréchal de France, né en 1724, ministre de la guerre en 1780, maréchal de France en 1782, mort en 1801.

H., 1m,12. L., 0m,80.

Collection de M. le marquis DE SÉGUR, conseiller d'État.

LEDUC. École hollandaise.

304. — La partie de trictrac.

Collection de M. COSTER.

LE MONIER (CHARLES-GABRIEL), Rouen, 1643 — 1721. École française.

305. — Portrait de Mlle E. Contat, de la Comédie-Française.

Collection de M. ROTHAN.

LE NAIN (les frères) travaillaient vers le milieu du XVIIe siècle. École française.

306. — Paysans sur une charrette.

H., 0m,56. L., 0m,74.

Collection de M. SAINT-ALBIN.

307. — Le Bénédicité.

H., 0m,15. L., 0m,18.

Collection de M. EUGÈNE HAMOT.

308. — Groupe d'hommes autour d'une table.

H., 1m,17. L., 1m,37.

(Galerie POURTALÈS.)
Collection de M. le comte EDMOND DE POURTALÈS.

LENOIR. École française.

309. — Portrait de Lekain.

H., 0m,80. L., 0m,66.

Offert à la Comédie-Française par le fils de Lekain vers 1790.
Collection de la COMÉDIE-FRANCAISE.

LÉPICIÉ (Nicolas-Bernard), Paris, 1785 — 1784. École française.

310. — La Bonne Mère.

H., 0m,40. L., 0m,31.

Une jeune femme, en costume savoyard, tient sur ses genoux un petit enfant étendu dans un berceau en bois, signé et daté de 1774.

Collection de M. BURAT.

311. — Portrait de Joseph Vernet.

H., 0m,55. L., 0m,59.

Collection de M. DELAROCHE VERNET.

312. — Têtes d'enfants et fleurs.

Collection de MM. LAVALARD.

LE PRINCE (Jean), Metz, 1733-1781. École française.

313. — Fête sous Louis XVI.

H., 0m,80. L., 1m,05.

Collection de M. GELIS.

LIPPI (Fra Filippo), 1412, Florence, Spoleto, 1469. École florentine.

314. — La Vierge assise tient sur ses genoux l'enfant Jésus. Sur le premier plan sont debout saint Pierre et saint Antoine. Derrière la Vierge, un groupe de six anges.

H., 0m,20. L., 0m,16.

Collection de M. Frédéric REISET.

LONGHI (Pierre), Venise, 1702. École vénitienne.

315. — La Visite.

H., 0m,62. L., 0m,54.

Collection de M. Paul de SAINT-VICTOR.

LOO (Carl Van), Nice, 1705 — 1765, Paris. École française.

316. — Portrait de Marivaux, 1753.

H., 0m,65. L., 0m,53.

Collection de la COMÉDIE-FRANÇAISE.

317. — Portrait de Pâris-Duverney.

H., 0m,66. L., 0m,66.

Collection de M. le comte d'HAUSSONVILLE.

318. — Portrait en buste du marquis de Lamoignon de Basville; mort garde des sceaux, en 1789.
Signé : Van Loo, 1760.

Toile forme ovale. H., 0m,60. L., 0m,50.

Collection de M. le vicomte de LAMOIGNON.

319. — Portrait de la comtesse de Mun.

H., 0m,72. L., 0m,58.

Collection de M. le marquis de MUN.

LUINI (Bernardino), Luino vers 1460. École lombarde.

320. — La Joconde.

H., 0m,25. L., 0m,22.

Collection de S. A. R. Mgr le duc d'AUMALE.

321. — L'Enfant Jésus. Il est assis tenant la croix, le pied posé sur la pomme à demi mangée ; à gauche, le serpent mort.

H., 0m,36. L., 0m,30.

(Galerie de FONTHILL ABBEY (M. Beckford), 1823, nº 181 du Catalogue.)

Collection de M. FRÉDÉRIC REISET.

322. — Sainte Famille.

H., 0m,84. L., 0m,62.

Collection de M. le baron DE TRIQUETI.

323. — Tête de saint Jean.

H., 0m,14. L., 0m,12.

Collection de M. le vicomte DE GANAY.

324. — Sainte Famille.

H., 0m,25. L., 0m,20.

Collection de M. le duc DE RICHELIEU.

MAAS (NICOLAS), Dordrecht, 1632 — 1693, Amsterdam. École hollandaise.

325. — Portrait de Cornelis Blaemaërt.

H., 1m,25. L., 1m,00.

Collection de M. ÉDOUARD ANDRÉ.

326. — Portrait qui pourrait être celui de P. Corneille.

H., 0m,28. L. 0m,25.

Collection de M. ROTHAN.

MARILHAT (PROSPER), Vertaizou, 1811 — 1847, Paris. École française.

327. — Syriens en voyage.

H., 0^m,28. L., 0^m,50.

Collection de S. A. R. Mgr le duc D'AUMALE.

MARON (ANTOINE).

328. — Portrait d'Anne Pieri, marquise Brignolles-Salle.

H., 1^m,30. L., 0^m,95.

Collection de Mme la duchesse DE GALLIERA.

MAZZOLINI (LODOVICO), Ferrare, 1481 — 1530. École ferraraise.

329. — Ecce Homo.

H., 0^m,55. L., 0^m,40.

(Galerie de lord NORTHWICK).
Collection de S. A. R. Mgr le duc D'AUMALE.

330. — La Vierge, assise dans un paysage, pésente l'enfant Jésus à saint Antoine agenouillé.

Bois. H., 0^m,32. L., 0^m,25.

Collection de M. FRÉDÉRIC REISET.

MEER (JAN VAN DER), Schoonhven, 1628 — 1691. École hollandaise.

331. — Servante endormie.

H., 0^m,87. L., 0^m,75.

Collection de M. DURAND DASSIER.

332. — Le Géographe.

H., 0^m,53. L., 0^m,45.

333. — La Dentellière.

H., 0^m,51. L., 0^m,46.

Collection de M. DOUBLE.

MEISSONIER (JEAN-LOUIS-ERNEST), Lyon, 1813.

334. — Dragon sous Louis XV.

H., 0^m,35. L., 0^m,20.

Collection de S. A. R. Mgr le duc D'AUMALE.

335. — 1814.

H., ^{m}, . L., ^{m}, .

Collection de M. GUSTAVE DELAHANTE.

336. — Vive le roi!

H., ^{m}, . L., ^{m}, .

Collection de M. ARTHUR RÉVENAZ.

MEULEN (ANTON-FRANZ VAN DER), Bruxelles, 1634-1690, Paris. École flamande.

337. — Louis XIV.

H., 0^m,70. L., 1^m,15.

Collection de M. le comte CHARLES DE VOGUÉ.

338. — Départ pour la chasse.

Toile. H., 0^m,59. L., 0^m,80.

Dans un carrosse, attelé de six chevaux blancs, sont deux personnages que des cavaliers viennent saluer. A droite, un piqueur et des chiens de chasse.

Signé : A. F. V. Mevlen, fec. 1662, Bruxelles.

Vente POMMERSFELDEN, 1867, nº 194 du Catalogue.

Collection de Mme LYNE STEPHENS.

MEMLING (HANS), florissait de 1470 à 1484. École flamande.

339. — La Vierge et l'enfant Jésus, adorés par une famille nombreuse, hommes, femmes, enfants de tous les âges, agenouillés à droite et à gauche.

H., 1m,30. L., 1m,57.

Collection de Mme la comtesse DUCHATEL.

340. — La Nativité.

H., 0m,47. L., 0m,34.

Collection de M. le duc DE GALLIERA.

341. — La Vierge à la Cuiller.

H., 0m,41. L., 0m,31.

Collection de Mme la duchesse DE GALLIERA.

342. — La Vierge et les Saintes.

H., 0m,25. L., 0m,16.

Collection de M. GATTEAUX.

MICHEL (GEORGES), Paris, 1732-1843.

343. — Paysage des environs de Paris.

H., 0m,50. L., 0m,68.

Collection de M. CAMILLE RISLER KESTNER.

MIERIS (le Vieux, FRANS VAN), Delft, 16351 — 681, Leyde. École hollandaise.

344. — Scène d'intérieur.

H., 0m,33. L., 0m,42.

Collection de M. le duc DE GALLIERA.

345. — Mort de la Nymphe.

Collection de M. COSTER.

MIGNARD (PIERRE), Troyes, 1610, — Paris, 1695. École française.

346. — Portrait de Molière.

H., 0^m,79. L., 0^m,62.

Acquis par la Comédie-Française à la vente Vidal, le 7 février 1868. Molière est représenté dans le rôle de César de *la Mort de Pompée* (registre de Lagrange).

Collection de la COMÉDIE-FRANÇAISE.

347. — Portrait original de Mme de Sévigné, peint par Mme de Grignan et transmis par succession à Mme de Luçay, sa petite-fille.

Toile. H. 0^m,80. L., 0^m,63.

Collection de M. le comte DE LUÇAY.

348. — Portrait de Mme de Montespan sur un lit de repos.

H., 1^m,48. L., 1^m,11.

Collection de M. le marquis DE MORTEMART.

MIGNON (ABRAHAM). Francfort, 1637, — 1679, Wedzlar. École hollandaise.

349. — Raisins de diverses espèces sur une table recouverte d'un velours rouge.

H., 0^m,28. L., 0^m,36.

Collection de M. J. CLAYE.

MOREAU (le Jeune).

351. — La Scène du piano; Nouvelle Héloïse.

Gravé, toile. H., 0m,25. L., 0m,20.

352. — La Scène du bocage de Clarens.

Toile, gravé. H., 0m,25. L., 0m,20.

Ces rares peintures du dessinateur Moreau, dit le Jeune, proviennent de la collection de M. Leblond, ancien directeur du Garde-Meuble.

Collection de M. ROTHAN.

Signé : L. M.

MORLAND (GEORGE), Londres, 1763, — 1804, Londres. École anglaise.

353. — La Halte.

H., 0m,62. L., 0m,74.

Collection de M. WILSON.

MOR (ANTHOINE DE), dit SIR ANTONIO MORO, Utrecht, 1512 — 1581, Anvers. École hollandaise.

354. — Seigneur agenouillé et ses deux fils.

H., 1m,60. L., 0m,80.

355. — Dame noble en prière.

H., 1m,60. L., 0m,80.

Collection de Mme la comtesse DUCHATEL.

MURILLO (BARTOLOMÉ-ESTÉBAN), Séville, 1618 — 1682, Séville. École espagnole.

356. — Saint Joseph et l'enfant Jésus.

H., 0m,22. L., 0m,17.

(Galerie espagnole du roi Louis-Philippe.)

Collection de S. A. R. Mgr le duc D'AUMALE.

357. — Saint Jean-Baptiste enfant.

H., 0^m,62. L., 0^m,53.

(Galerie Salamanca).
Collection de M. GUSTAVE DELAHANTE.

358. — Saint en prière.

H., 1^m,00. L. 0^m,75.

Collection de Mme la duchesse DE GRAMONT.

359. — Saint Joseph tenant dans ses bras l'enfant Jésus.

Toile. H., 1^m,05. L., 0^m,84.

(Galerie espagnole du roi Louis-Philippe).
Collection de Mme LYNE STEPHENS.

360. — Tobie et l'Ange.

H., m, . L., m, .

Collection de M. DE LA ROZIÈRE.

361. — Vierge.

H., 1^m,25. L., 1^m,02.

(Galerie Pourtalès.)
Collection de M. le comte ROBERT DE POURTALÈS.

NATTIER (JEAN-MARIE), Paris, 1685 — 1766, Paris. École française.

362. — Hébé.

H., 1^m,36. L., 1^m,05.

Collection de M. le comte DE BAILLON.

363. — Portrait de femme représentée en Vénus, assise sur les nuages, et jouant avec ses colombes.

H., 1^m,22. L., 0,96.

Collection de Mme LYNE STEPHENS.

NETSCHER (GASPAR), Heidelbeerg, 1639 — 1684, La Haye. École hollandaise.

364. — Tableau allégorique représentant le maréchal duc de Luxembourg et le grand pensionnaire de Hollande, Jean de Witt.

H., 0m,90. L., 1m,15.

Collection de M. le duc DE LUXEMBOURG.

365. — Famille hollandaise.

H., 0m,85. L., 1m,22.

Collection de M. le comte DE LA ROCHE-AYMON.

NEER (ARNOULD VAN DER), Amsterdam, 1613 — 1684. École hollandaise.

366. — Canal glacé ; effet de neige.

H., 0m,58. L., 0m,84.

(Collection Nieuwenhuys.)

Collection de M. le comte HENRI DE GREFFULHE.

367. — Clair de lune.

H., 0m,52. L., 0m,73.

Collection de M. LOUIS VIARDOT.

OSTADE (ADRIAN VAN), Lubeck, 1610 — 1695, Amsterdam. École hollandaise.

368. — Un Aveugle jouant de la vielle.

H., 0m,25. L., 0m,21.

Vente Dubois. — Vente Patureau.

369. — L'Empirique.

H., 0m,27. L., 0m,24.

Galerie Demidoff. (Vente 1863).

Ces deux tableaux font partie de la collection de M. le duc DE GALLIERA.

370. — Cabaret ; Buveurs flamands.

H., 0m,22. L., 0m,20.

Collection de M. le comte DE TURENNE.

371. — École.

H., 0m,15. L., 0m,20.

372. — Intérieur.

H., 0m,15. L., 0m,15.

Ces deux tableaux font partie de la collection de M. ROTHAN.

OSTADE (ISACH VAN), Lubeck, 1613 — 1654. École hollandaise.

373. — Le petit Village.

H., 0m,67. L., 0m,58.

(Collection du baron Van Brienen).

Collection de M. le comte HENRI DE GREFFULHE.

OUDRY (JEAN-BAPTISTE), Paris, 1686 — 1755, Beauvais. École française.

374. — Hallali du loup.

375. — Hallali du renard.

Collection de S. A. R. Mgr le duc D'AUMALE.

PAJOU. École française.

376. — Portrait de Championet.

H., m, . L., m, .

Signé derrière, sur la toile, Pajou, pinxit l'an VII de la République.

Acquis en Italie.

Collection de M. ROTHAN.

PALME (JACOPO dit le VIEUX-SERINALTA), 1480 — 1540. École vénitienne.

377. — La Vierge, l'enfant Jésus, saint Pierre, saint Jérôme et un donateur, signé Jacopo Palma, M. D.

H., 0m,90. L., 1m,40.

Galeries Giustiniani et du prince de Talleyrand.
Vente Henry, 1836, n° 16 du Catalogue.
Collection de M. FRÉDÉRIC REISET.

PALMA (le jeune).

378. — Tête de femme.

H., m, . L., m, .

Collection de M. ROTHAN.

PATER (JEAN-BAPTISTE), Valenciennes, 1696—1736, Paris. École française.

379. — Paysage ; scènes champêtres.

380. — Paysage ; scènes champêtres.

H., 0m,45, L., 0m,55.

Collection de Mme la comtesse DUCHATEL.

381. — Le Déjeuner sur l'herbe.

H., 0m,45. L., 0m,55

Collection de M. le comte A. DE CAMONDO.

382. — Plaisirs champêtres.

H., m, . L., m, .

Collection de M. J. CLAYE.

383. — Mât de cocagne.

H., m, . L., m, .

384. — La Diseuse de bonne aventure.

H., m, . L., m, .

Collection de M. le baron ADOLPHE DE ROTHSCHILD.

385. — Les Plaisirs du camp.

H., 0m,28. L., 0m,38.

Collection de M. WILSON.

PIERO DELLA FRANCESCA, XVe siècle. École florentine.

386. — Sainte Famille.

H., 1m,05. L., 0m,70.

Collection de Mme la comtesse DUCHATEL.

PORBUS (PIETRO), Gonda, 1510 — 1583, Bruges. École flamande.

H., 0m,45. L., 0m,55.

387. — Portrait d'Élisabeth d'Autriche, femme de Charles IX.

Toile, gravé. H., m, . L., m, .

Collection de M. ROTHAN.

PORBUS (FRANZ), Anvers, 1570 — 1622, Paris. École flamande.

388. — Portrait d'Antoine de Bourbon.

H., m, . L., m, .

Collection de M. ALBERT GOUPIL.

389. — Portrait d'Anne d'Autriche, fait lors de son arrivée en France.

Toile. H., m, . L., m, .

(Collection du marquis Du Blaysel.)
Collection de M. ROTHAN.

PIETER JAN VAN ASCHE, Delft vas, 1605.

390. — Paysage.

H., 0m,31. L., 0m,42.

Collection de M. CAMILLE RISLER-KESTNER.

PLATZER, XVIIIe siècle. École allemande.

391. — Arianne et Bacchus.

H., 0m,54. L., 0m,78.

392. — Noces de Pirithoüs.

H., 0m,54. L., 0m,78.

Collection de M. le Dr LEROY-D'ETIOLLE.

POTTER (PAULUS), Enckhuysen, 1625 — 1654, Amsterdam. École hollandaise.

393. — Chevaux au pâturage.

H., 0m,31. L., 0m,43.

Collection de M. le comte HENRI DE GREFFULHE.

394. — Paysage et animaux.

H., 0^m,41. L., 0^m,54.

Collection de M. DE LA TOURNELLE.

PORTER (DE). École hollandaise.

395. — Sacrifice.

Collection de M. COSTER.

POUSSIN (NICOLAS), Les Andelis, 1594 — 1665, Rome. École française.

396. — Thésée retrouvant l'épée de son père.

H., 0^m,98. L., 1^m,35.

397. — Le Massacre des Innocents.

H., 1^m,55. L., 1^m,70.

Galerie de Lucien Bonaparte.

398. — Les Bacchantes.

H., 1^m,30. L., 1,65.

Galerie de lord Northwick.

Collection de S. A. R. Mgr le duc D'AUMALE.

399. — Tobie rendant la vue à son père.

H., 2^m,22. L., 2^m,22.

Collection de Mme la duchesse DE GALLIERA.

400. — Sainte Famille. La Vierge, debout, tient l'enfant Jésus, qu'adorent saint Jean et sainte Élisabeth agenouillés. Saint Joseph se voit près d'une colonne au second plan.

Toile. H., 0^m,67. L., 0^m,49.

Galerie du cardinal Fesch. Vente de 1843. N° 118 du catalogue.

401. — Grand paysage. Sur le premier plan, deux nymphes, couchées à terre, regardent un serpent.

Toile. H., 1^m,18. L., 1^m,79.

Gravé par M. Chatillon.
Collection de M. Frédéric REISET.

PRUD'HON (Pierre), Cluny, 1758 — 1823, Paris. École française.

402. — Réveil de Psyché.

403. — Hommage à la beauté.

Ces deux tableaux font partie de la collection de S. A. R. Mgr le duc d'AUMALE.

404. — Portrait du prince de Talleyrand.

Collection de S. A. R. Mgr le comte de PARIS.

405. — Portrait de Gros.

Collection de M. le comte de la BÉRAUDIÈRE.

RAFFET (Auguste), Pantin, 1804 — 1860, Paris. École française.

406. — Étude de cheval.

H., 0^m,37. L., 0^m,45.

Collection de M. Émile OLLION.

REMBRANDT (Van Ryn), Leyde, 1608 — 1669, Amsterdam. École hollandaise.

407. — Portrait d'homme.

H., 0^m,76. L., 0^m,61.

(Collection Van Brienen.)
Collection de M. Edouard ANDRÉ.

408. — Portrait d'homme.

H., 0m,60. L., 0m,48.

Collection de M. le prince DE CHALAIS.

409. — Portrait d'homme riant.

H., 0m,83. L., 0m,65.

Collection de M. DOUBLE.

410. — Portrait d'un Guerrier.

H., 0m,05. L., 0m,69.

(Collection Delessert.)

Collection de M. FRANÇOIS HOTTINGUER.

411. — Portrait d'homme.

H., 1m,25. L., 1m,00.

(Galerie Pourtalès.)

Collection de M. le comte EDMOND DE POURTALÈS.

412. — Portrait d'homme.

H., 0m,75. L., 0m,55.

413. — Portrait d'homme.

H., 1m,18. L., 0m,92.

Collection de Mme la princesse DE SAGAN.

RENI (GUIDO), Calvenjano, 1575-1642. École bolonaise.

414. — Sibylle.

415. — Sibylle.

416. — Sibylle.

417. — Sibylle.

H., 0m,87. L., 0m,70.

Collection de Mme la duchesse DE GALLIERA.

418. — Sainte Marguerite.

H., 1^m,00. L., 0^m,81.

(Collection de M. Collot.)

Collection de Mme la comtesse DE CLERMONT-TONNERRE.

REYNOLDS (SIR JOSHUA), Plympton, 1723, — 1792, Londres. École anglaise.

419. — Vue du Port de Saint-Cloud.

H., 0^m,27. L., 0^m,40.

Collection de S. A. R. Mgr le duc D'AUMALE.

420. — Portrait de lady Harcourt.

H., 1^m,28. L., 1^m,04.

Collection de M. le comte BERNARD D'HARCOURT.

421. — Lord et lady Borington.

Collection de M. FEUILLET DE CONCHES.

422. — La Veuve et son Enfant.

H., 1^m,42. L., 1^m,12.

Collection de M. WILSON.

RIBERA (le chevalier JOSEF dit l'ESPAGNOLET), Jariva, 1588 — 1656, Naples. École espagnole.

423. — Miracle de saint Grégoire le Grand.

H., 1^m,90. L., 1^m,54.

Collection de MM. LAVALARD.

RIGAUD (Hyacinthe), Perpignan, 1659 — 1743, Paris. École française.

424. — Portrait de François-Marie duc de Broglie, ambassadeur de France en Angleterre (1734).

H., m, . L., m, .

Collection de M. le duc de BROGLIE.

425. — Louis XV, enfant.

H., 0m,55. L. 0m,40.

426. — Portrait de la grand'mère de l'auteur.

H., 0m,60. L., 0m,65.

Ces deux tableaux font partie de la collection de M. BURAT.

427. — Portrait de Samuel Bernard, comte de Coubert.

H., m. . L., m, .

Collection de M. le comte Forestier de COUBERT.

428. — Princesse de Neufchâtel.

H., m, . L., m, .

Collection de Mme la duchesse de LUYNES.

429. — Portrait de Le Nôtre.

Toile. H., m, . L., m, .

Collection de M. ROTHAN.

ROBERT (Hubert), Paris, 1733 — 1808, Paris. École française.

430. — Paysage avec ruines.

H., 0m,98. L., 1m,64.

Collection de M. le comte de la BÉRAUDIÈRE.

431. — Temple de Vesta.

H., 0^m,22. L., 0^m,37.

Collection de M. ROTHAN.

432. — Capucin prêchant.

H., 0^m.39. L., 0^m,32.

Collection de M. PAUL DE SAINT-VICTOR.

ROBERT (LOUIS-LÉOPOLD), la Chaux de Fonds, 1794 — 1835, Venise. École française.

433. — Femme pleurant sur les ruines de sa maison.

H., 0^m,95. L., 1^m,35.

Collection de S. A. R. Mgr le duc D'AUMALE.

434. — Mère agenouillée auprès de sa fille morte.

H., 0^m,45. L., 0^m,36.

Collection de M. le baron GÉRARD.

ROLAND DE LA PORTE, XVIIIe siècle. École française.

435. — Livres, objets divers.

Collection de M. le comte DE LA BÉRAUDIÈRE.

ROSA (SALVATOR), Naples, 1615 — 1673, Rome. École napolitaine.

436. — Figure d'homme.

Collection de M. BAZE.

ROTTENHAMMER (Johann), Munich, 1564 — 1623, Augsbourg. École allemande.

437. — La Naissance du Christ.

H., 0m,26. L., 0m,21.

Collection de Mme la duchesse de GALLIERA.

ROUSSEAU (Théodore), Paris, 1812 — 1867, Barbizon.

438. — Paysage.

H., 0m,35. L., 0m,50.

Collection de S. A. R. Mgr le duc d'AUMALE.

439. — Paysage.

H., 0m,30. L., 0m,47.

Collection de M. le comte WELLES DE LAVALETTE.

440. — Un Hameau en Normandie.

H., 0m,21. L., 0m,32.

Collection de M. WILSON.

RUBENS (Pierre-Paul), Siegen, 1577 — 1640, Anvers. École flamande.

441. — Marche de Silène.

H., 1m,35. L., 1m,50.

Collection de Mme la duchesse de GALLIERA.

442. — Tête de vieille.

H., 0m,42. L., 0m,30.

Collection de M. GIGOUX.

443. — La Résurrection de Lazare; esquisse.

Bois. H., 0m,36. L., 0m,27.

Collection de M. le vicomte de LAMOIGNON.

444. — Vénus retenant Mars; esquisse.

H., 0^m,48. L., 0^m,73.

Collection de M. Eudoxe MARCILLE.

RUBENS et BREUGHEL-DE-VELOURS.

445. — Sainte Famille dans un médaillon octogone, qu'entoure une guirlande de fleurs.

Bois. H., 0^m,68. L., 0^m,53.

Vente Pommersfelden. N° 209 du Catalogue.
Collection de Mme LYNE STEPHENS.

446. — Mercure, Argus et Jo.

H., 0^m,58. L., 0^m,78.

Inscrit sous le n° 118 dans l'inventaire dressé après la mort de Rubens.
Collection de M. WILSON.

RUYSDAEL (Jakob), Harlem, 1630 — 1681, Harlem. École hollandaise.

447. — Plage de Scheveningen.

H., 0^m,82. L., 1^m,10.

Galerie de San-Donato. Vente 1868.
Collection de S. A. R. Mgr le duc d'AUMALE.

448. — La Cascade.

H., 0^m,98. L., 0^m,80.

Collection de Mme la comtesse DUCHATEL.

449. — Paysage.

H., 0^m,50. L., 0^m,58.

Figures de P. Wouvermans. — Vente Demidoff, 1853.
Collection de M. le duc de GALLIERA.

450. — Entrée de la vieille Meuse.

H., 0^m,50. L., 0^m,62.

(Collection de M. Munro de Londres.)

451. — Paysage boisé avec cours d'eau.

H., 1^m,06. L., 1^m,23.

(Collection de lord Taunton.)

Collection de M. le comte HENRI DE GREFFULHE.

452. — Paysage.

H., 0^m,98. L., 1^m,20.

Collection de M. HEINE.

453. — Paysage.

H., 1^m,00. L., 1^m,31.

Collection de M. le baron DE LA TOURNELLE.

454. — Le Champ de blé.

Signé, gravé. Toile. H., 4^m,44. L., 4^m,44.

Décrit dans Smith. Provenance, galerie de M. L. Viardot.

Collection de M. ROTHAN.

RUYSDAEL (SALOMON), Harlem, 1610-1670. École hollandaise.

455. — La vue de Dordrecht.

Panneau. H., ^{m}, . L., ^{m}, .

Signé, daté 1649. — Provenance, collection du marquis de Biencourt.

Collection de M. ROTHAN.

456. — Paysage.

H., 0^m,85. L., 1^m,12.

Anonyme.

457. — Paysage.

H., 0m,64. L., 0m,79.

Collection de M. Louis VIARDOT.

458. — Entrée de forêt.

H., m, . L. m, .

Collection de M. le comte Charles de VOGUÉ.

SAINT-AUBIN. École française.

459. — Un bal.

Collection de M. le comte de la BÉRAUDIÈRE.

SABBATINI (Lorenzo), Bologne 1533 — 1577, Rome. École bolonaise.

460. — L'Assomption.

H., 0m,47. L., 0m,37.

Collection de Mme la duchesse de GALLIERA.

SALVI (Giovanni Batista dit Sassoferrato), Sassoferrato 1605, Rome 1685. École romaine.

461. — Tête de Vierge.

H., 0m,45. L., 0m,35.

Collection de Mme la duchesse de GALLIERA.

SANZIO (Raffaello), Urbino, 1483 — 1520. École romaine.

462. — La Vierge d'Orléans.

H., 0m,28. L., 0m,20.

Galerie du Régent; galeries Aguado et Delessert.

Collection de S. A. R. Mgr le duc d'AUMALE.

463. — Portrait de jeune homme.

L., 0m,75. L., 0m,60.

Collection de S. A. I. le prince CZARTORYSKI.

464. — Tête de femme.

H., 0m,35. L., 0m,25.

Étude peinte en détrempe pour le tableau : Visitation de sainte Élisabeth, qui est au musée de Madrid.

Collection de M. EUGÈNE PIOT.

SCHALLE. École française.

465. — Portrait de Mme de Hondetot.

Collection de Mme la marquise de BLOCQUEVILLE.

466. — Portrait de la princesse de Lamballe.

Collection de M. PAUL DE SAINT-VICTOR.

SCHEFFER (ARY), Dordrecht, 1795 — 1858, Paris. École française.

467. — Portrait de M. de Tracy.

H., 0m,55. L., 0m,46.

Collection du comte DE LAUBESPIN.

468. — Portrait de Lamennais.

H., 0m,92. L., 0m,73.

469. — Portrait de François Arago.

H., 0m,04. L., 0m,61.

470. — Le roi de Thulé.

H., 1m,10. L., 0m,83.

471. — Portrait du général Cavaignac.

H., 0^{m},75. L., 0^{m},56.

472. — Portrait de Mlle Cornélie Scheffer.

H., 0^{m},60. L., 0^{m},43.

Ces cinq tableaux font partie de la collection de Mme MARJOLIN SCHEFFER.

SODOMA.

473. — Figure allégorique de la ville de Sienne.

H., m, . L., m ,.

Collection de M. DE LA ROZIÈRE.

STEVERS (ANTHONI PALAMEDERZ, dit Palamèdes), Delft, 1604-1680. École hollandaise.

474. — Portrait de Jean Niclaises Gael.

Panneau. H., 0^{m},00. L., 0^{m},00.

Provenant du baron de la Villetreuse, qui l'avait acheté dans une famille en Hollande et qui le vendit à Burger (Thoré). Signé et daté 1644.

STREEK (JULIAN VAN), Amsterdam, 1633 — 1678. École hollandaise.

475. — Le Goûter.

H., 0^{m},56. L., 0^{m},44.

Collection de M. WILSON.

STEEN (JAN VAN), Leyde, 1636, Delft, 1689. École hollandaise.

476. — Mort d'un Saint.

Collection de M. COSTET.

SUBLEYRAS (Pierre), Uzès, 1669 — 1749, Rome, École française.

477. — La Courtisane amoureuse.

H., 0^m,30. L., 0^m,23.

Ce ne fut tout, elle le déchaussa.
Quoi ! de sa main ? Quoi ! Constance elle-même ?
La Fontaine, *Contes*.

(Collection Randon de Boisset, 1770; Trouard, 1779; livre III, saint Marc. 1859. Gravé par Pierre.

Collection de M. BURAT.

TAUNAY (Nicolas-Antoine), Paris, 1755 — 1830, Paris. École française.

478. — Le Café des Arts.

H., 0^m,17. L., 0^m,24.

Ce café était, à la fin du siècle précédent, très-fréquenté par les artistes. David est représenté en manteau rouge, Girodet s'apprête à jouer de la main gauche, Gros offre une bille à un personnage vu de dos.

Collection de M. BURAT.

TENIERS (le jeune, David), Anvers, 1610 — 1694, Perk. École flamande.

478 *bis*. — Corps-de-garde.

H., 0^m,65. L., 0^m,51.

Collection de M. le duc de GALLIERA.

479. — Le Fumeur.

H., 0^m,48. L., 0^m,73.

Collection de M. Richard BERANGER.

480. — Le Grand Condé.

H., 0m,24. L., 0m,18.

Collection de M. le marquis DE BIENCOURT.

481. — Intérieur d'écurie.

H., 0m,55. L., 0m,45.

Galerie Salamanca, vente Khalil-Bey.
Collection de M. le comte N. DE CAMONDO.

482. — Marché aux poissons.

H., 0m,86. L., 1m,23.

(Galerie Delessert.)
Collection de M. le comte HENRI DE GREFFULHE.

483. — Portrait d'homme,

H., 0m,20. L., 0m,15.

(Collection la Béraudière).

484. — Le Fumeur.

H., 0m,20. L., 0m,15.

Panneau signé.

485. — Portrait d'homme.

Ces deux tableaux font partie de la collection de M. ROTHAN.

TERBURG (GÉRARD), Sivol, 1608 — 1681, Deventer. École hollandaise.

486. — Intérieur de cabaret.

H., 0,m48. L., 0m,38.

Collection de M. le baron EDMOND DE BUSSIÈRE.

487. — Une Jeune Femme avec un cavalier.

H., m, . L., m, .

(Galerie Delessert.)
Collection de M. François HOTTINGUER.

THÉOLON (Étienne), Aigues-Mortes, 1739 — 1780, Paris. École française.

488. — Tête de vieille femme.

H., 0m,20. L., 0m,13.
(Collection Graveroth, 1856.)
Collection de M. BURAT.

TIEPOLO, Venise, 1692 — 1769. École vénitienne.

489. — Pendentif. Figures allégoriques.

H., 1m,38. L., 1m.08.

490. — Pendentif. Figures allégoriques; Femme assise.

H., 1m.38. L., 1m,08.
Collection de M. le comte de CAMONDO.

TISCHBEIN.

491. — Portrait de Paul Ier attribué à Tischbein, peintre allemand.

Toile. H., 0m,33. L., 0m.33.

Collection de M. ROTHAN.

TOCQUÉ (Louis), 1696 — 1772. École française.

492. — Portrait.

493. — Portrait du duc de Richelieu.

Signé, daté 1754.
Collection de M ROTHAN.

TOPFFER, Genève, XVIIIe siècle.

494. — La Sortie de l'église.

H., 0m,00. L., 0m,00.

Collection de M. le comte ROBERT DE POURTALÈS.

TOURNIÈRES (ROBERT), Caen, 1668 — 1752. Caen. École française.

415. — Portrait d'homme.

H., 0m,74. L., 0m,60.

496. — Racine et Chapelle.

H., 0m,74. L., 0m,92.

Collection du MUSÉE DE CAEN.

TROY (JEAN-FRANÇOIS DE), Paris, 1679 — 1752, Rome. École française.

497. — Louis XIV recevant les ambassadeurs persans.

H., m, . L., m, .

Collection de M. ROTHAN.

TROYON (CONSTANT), Sèvres, 1810 — 1865, Paris. École française.

498. — La Gardeuse de dindons.

H., m, . L., m, .

499. — Rivage de la mer, près de la Touques.

H., m, . L., m, .

Ces deux tableaux font partie de la collection de Mme DONON.

500. — Rencontre de moutons dans un chemin creux.

H., 1^m,00. L., 0,65.

Collection de M. DURAND DASSIER.

VALIN.

501. — Tête de femme.

H., ^{m}, . L., ^{m}, .

Collection de M. BAZE.

VANNUCCI (Pietro, dit le Perugin) Castello della Pieve, 1446 — 1524, Castello Fontignano. École ombrienne.

502. — La Vierge et l'Enfant Jésus.

H., 1^m,33. L., 1^m,27.

Galerie de lord NORTWICK.

VECELLIO (Tiziano), Pieve, 1477 — 1576. École vénitienne.

503. — Ecce Homo.

H., 0^m,72. L., 0^m,58.

Collection de S. A. R. Mgr le duc d'AUMALE.

VELASQUEZ (Don Diego Rodriguez de Silva y), Séville, 1599 — 1660, Madrid. École espagnole.

504. — Marie-Thérèse enfant.

Collection de M. LEDIEU.

H., ^{m}, . L., ^{m}, .

505. — Portrait d'une infante debout; près d'elle une chaise sur laquelle est couché un petit chien.

Toile. H., 1m,49. L., 1m,02.

Vente du duc de Morny, 1865, n° 127 du Catalogue.

Collection de Mme LYNE STEPHENS.

506. — Portrait de Philippe IV, debout, vu jusqu'aux genoux, portant un costume rouge et blanc d'une grande richesse.

Toile. H., 1m,36. L., 0m,98.

Vente Salamanca, 1867, n° 31 du Catalogue.

Collection de Mme LYNE STEPHENS.

VELDE (WILLEM VAN DEN), Amsterdam, 1633 — 1707, Londres. École hollandaise.

507. — Marine.

H., 0m,80. L., 1m,04.

(Galerie de San Donato, vente 1868).

Collection de S. A. R. Mgr le duc D'AUMALE.

508. — Marine; temps calme.

H., 0m,38. L., 0m,40.

508 *bis*. — Marine; temps orageux.

H., 0m,38. L., 0m,40.

Collection de Mme la comtesse DUCHATEL.

509. — Marine.

H., 0m,95. L., 0m,80.

Collection de M. RICHARD BÉRENGER.

510. — Marine.

H., 0^m,72. L., 1^m,00.

(Galerie du duc de Morny.)
Collection de Mme la princesse DE SAGAN.

511. — Un Calme.

H., 0^m,33. L., 0^m,36.

(Collection Van Saceghem de Gand.)
Collection de M. WILSON.

VELDE (ADRIEN VAN DEN), Amsterdam, 1639 — 1672. École hollandaise.

512. — Vue de la Meuse.

H., 0^m,45. L., 0^m,56.

Collection de M. le comte DE GREFFULHE.

513. — Paysage.

H., 0^m,75. L., 0^m,66.

(Collection Pereire.)
Collection de M. LALLEMAND.

514. — Paysage.

(Collection Persigny.)
Collection de M. ROTHAN.

VENNE (ADRIAN VAN DER), Delft, 1589 — 1662, la Haye. École hollandaise.

515. — Kermesse de Ryswich.

H., 0^m,32. L., 0^m,31.

Collection du docteur LEROY D'ÉTIOLLES.

VERNET (CLAUDE-JOSEPH), Avignon, 1714 — 1789, Paris.

516. — Les Cascatelles de Tivoli.

H., 0^m,92. L., 1^m,28.

Collection de M. le marquis D'ABZAC.

VERNET (Antoine-Charles-Horace dit Carle), Bordeaux, 1758 — 1835, Paris. École française.

517. — L'Hallali.

H., 0m,72. L. 1m,00.

Collection de M. le comte Charles de VOGUÉ.

VERNET (Horace), Paris, 1789 — 1863, Paris. École française.

518. — Le Duc de Chartres sauvant la vie à deux prêtres (1791).

H., 0m,50. L., 0m,61.

Collection de S. A. R. Mgr le comte de PARIS.

519. — Portrait du général Foy.

H., 0m,91. L., 0m,70.

Collection de M. le comte de FOY.

520. — Arabe en fuite.

H., m, . L., m, ..

Collection de Mme la baronne HOTTINGUER.

521. — Arabe apportant la peau du lion qu'il vient de tuer.

H., 0m,65. L., 0m,55.

Collection de M. Aimé PASTRÉ.

VESTIER. XVIIIe siècle. École française.

522. — Portrait de Mme *** avec ses deux enfants.

H., 1m,29. L., 0m,97.

Collection de M. Charles PILLET.

523. — Portraits de la famille de M. Ledoux, architecte.

Collection de M. ROTHAN.

VERSPRONCK (Cornelis-Engels), Harlem. École hollandaise.

524. — Portrait de femme en noir avec une collerette blanche.

H., m, . L.. m, .

Collection de Maurice COTTIER.

WATTEAU (Antoine), Valenciennes, 1684 — 1721, Nogent. École française.

525. — L'Amour désarmé.

Ovale. H., 0m,42. L., 0m,35.

Imitation de Paul Véronèse.
(Cabinet du marquis Maison.)
Collection de S. A. R. Mgr le duc d'AUMALE.

526. — La Rêveuse.

H., 0m,24. L., 0m,17.

(Gravé par Aveline.)
Collection de M. BURAT.

527. — Portrait de femme.

H., 0m,72. L., 0m,77.

528. — Paysage avec figures.

H., m, . L., m, .

Le paysage est de Lajoue.

Collection de M. Double.

529. — La Gamme d'amour.

H., 0m,50. L., 0m,60.

(Composition connue par la gravure de Lebas.)
Collection de Mme LYNE STEPHENS.

530. — L'Ile enchantée.

H., 0m,46. L., 0m,56.

(Collection de sir Joshua Reynolds et de M. Molworthy.)

Collection de M. WILSON.

WEENINX (JAN-BAPTIST), Amsterdam, 1621 — 1660, Utrecht. École hollandaise.

531. — Lièvre.

H., 0m,16. L., 0m,12.

532. — Gibier; nature morte.

H., 1m,05. L., 0m,88.

Collection de M. RICHARD BÉRENGER.

533. — Garde-chasse présentant du gibier.

H., 1m,05. L., 1m,56.

Collection de Mme KESTNER.

534. — Bergère.

H., 1m,24. L., 1m,00.

Collection de MM. LAVALARD.

535. — Bergère.

H., 0m,39. L., 0m,32.

Collection de M. PAUL DE SAINT-VICTOR.

WOUWERMAN (PHILIPS), Harlem 1620 — 1668. École vénitienne.

536. — Deux Cavaliers.

H., m, . L., m, .

Collection de M. le comte BERNARD D'HARCOURT.

537. — Départ pour la chasse.

H., 0^m,75. L., 1^m,04.

(Collection Nieuwenhuys.)

Collection de M. le comte Henri de GREFFULHE.

WYNANTZ (Jan), Harlem 1600 — 1676. École hollandaise.

538. — Paysage; figures de Lingelbach.

H., .^{m}, . L. ^{m}, .

Galerie Delessert.

Collection de Mme la baronne HOTTINGUER.

538 *bis*. — Paysage; figures de Van de Velde et Lingelbach.

Collection de M. ROTHAN.

ZAGANELLI DA COTIGNOLA. (Commencement du XVIe siècle). École d'Italie.

539. — La Vierge, assise sur un trône, tient l'enfant Jésus sur ses genoux. A gauche saint Jean-Baptiste, à droite saint Sébastien, tous deux debout.

Bois. H., 0^m,24. L., 0^m,30.

Collection de M. Frédéric REISET.

ZUCCARO (Taddeo). École romaine, 1429 — 1566.

540. — Adoration des Mages.

H., 0^m,51. L., 0^m,35.

Collection de M. Paul de SAINT-VICTOR.

INCONNUS

541. — Anges dansant. École siennoise, xve siècle.

H., 0m,57. L., 0m,65.

(Galerie de lord Northwick.)
Collection de S. A. R. Mgr le duc D'AUMALE.

542. — Deux Flagellants agenouillés au pied de la croix. L'un est couvert de son capuchon, le second est tête nue. Fond d'or. École d'Italie, commencement du xve siècle.

Bois. H., 0m,29. L., 0m,19.

Collection de M. FRÉDÉRIC REISET.

543. — Portrait d'homme vu de trois quarts, en buste, coiffé d'une toque noire. Dans le haut, on lit le nom du personnage : CONSTANTINVS DE BENEDICTIS. École florentine, xve siècle.

Bois. H., 0m,23. L., 0m,17.

Collection de M. FRÉDÉRIC REISET.

544. — Portrait de femme. École hollandaise, XVIe siècle.

H., 0m,15. L., 0m,12.

Collection de M. Éd. LECLERC.

545. — Attribué alternativement à Sébastien del Piombo et à Pontormo. École italienne, XVIe siècle.

Collection de M. ROTHAN.

546. — Louis XIII au siége de la Rochelle. École française, XVIIe siècle.

H., 1m,35. L. 1m,54.

Collection de M. le duc DE RICHELIEU.

547. — Portrait de Mme de Maintenon. École française, XVIIe siècle.

H., 0m,62. L., 0m,52.

Collection de Mme la marquise DE VIRIEU.

548. — Portrait d'un jeune Cavalier. École hollandaise.

Panneau, gravé. H., m, . L., m, .

(Collection de M. Double).

Collection de M. ROTHAN.

549. — Portrait supposé de François Ier, attribué à Léonard de Vinci.

H., m, . L., m, .

Collection de M. le comte D'OZEMBRAY.

550. — Portrait de femme. École hollandaise.

H., 0m,74. L., 0m,63.

Collection de M. Louis VIARDOT.

551. — Tapisserie des Gobelins. — Portrait de Louis XV.

H., 0^m,63. L., 0^m,56.

Collection de M. le comte DE LA BÉRAUDIÈRE.

552. — Tapisserie des Gobelins. — Portrait de Catherine de Russie.

(Galerie San Donato).

Collection de M. ROTHAN.

553. — Portrait de Louis XIV.

H., ^{m}, . L., ^{m}, .

Collection de M. le comte DES CARS.

554. — Madeleine repentante.

H., 1^m,95. L., 1^m,45.

Collection de M. J. CLAYE.

555. — Mariage de sainte Catherine.

H., 1^m,55. L., 1^m,33.

Collection de M. le marquis D'ABZAC.

556. — Portrait de femme.

H., 0^m,40. L., 0^m,31.

Collection de M. ARSÈNE HOUSSAYE.

557. — Portrait de Charles-Quint.

H., ^{m}, . L., ^{m}, .

Collection de M. LADEY.

558. — Henri IV.

H., 1^m,16. L., 1^m,23.

Collection de M. EUDOXE MARCILLE.

559. — Portrait de Charles Ier.

H., 2^m,00. L., 1^m,40.

Collection de M. le marquis D'ABZAC.

560. — Fontaine aux Laveuses.

H., 0^m,48. L., 0^m,33.

Collection de M. BURAT.

561. — Portrait de femme.

H., 0^m,83. L., 0^m,68.

Collection de M. SIGNOL.

562. — Portrait du Dauphin.

H., m ,. L., m, .

563. — Portrait de Madame Royale.

H., m, . L., m, .

Collection de M. le comte DES CARS.

564. — Antoine, bâtard de Bourgogne et un évêque.

Collection de M. le comte DE LA BÉRAUDIÈRE.

565. — Portrait de Louis XVII.

H., m, . L., m, .

Donné à Mme la comtesse de Béarn par S. A. R. la duchesse d'Angoulême.

566. — Portrait de Marie-Antoinette.

H., m . L., m, .

Donné à Mme la comtesse de Béarn par S. A. R. la duchesse d'Angoulême.

567. Portrait de Marie-Antoinette.

H., m, . L., m, .

Fait au Temple après la mort de Louis XVI et donné à Mme la comtesse de Béarn par S. A. R. la duchesse d'Angoulême.

Collection du prince DE BÉARN.

568. — Portrait de Max. Robespierre.

H., 1m,00. L., 0m,73.

Collection de M. EUDOXE MARCILLE.

AQUARELLES

DESSINS ET PASTELS

AUBRY LECOMTE (Hyacinthe-Louis-Victor-Jean-Baptiste), Nice, 1797 — 1858, Paris. École française.

569. — Portrait de M. Lecomte le Père; dessin.

H., m, . L., m, .

570. — Portrait de Mlle Aubry Lecomte; dessin.

H., m, . L., m .

Collection de Mme Aubry LECOMTE.

BAKHUYZEN.

571. — Retour de la flotte hollandaise devant Wieringen, après le combat naval de quatre jours contre les Anglais.

H., m, . L., m, .

Dessin à l'encre de Chine.

572. — Une Mer agitée.

H., m, . L., m, .

Dessin à l'encre de Chine.

573. — Vaisseau de guerre sortant du port.

H., m, . L., m, .

Dessin à l'encre de Chine.

BERGHEM (NICOLAS).

574. — La Vache qui s'abreuve.

H., m . L., m, .

Dessin à la plume et au bistre; a été gravé à l'eau forte par le maître.

BOISSIEU (J.-J. DE).

575. — Vues des environs de Lyon.

H., m, . L., m, .

Deux dessins à l'aquarelle.

Ces six dessins font partie de la collection de M. DUTUIT.

BONINGTON.

576. — Fin de Souper d'un bal masqué; aquarelle.

H., 0m,50. L., 0m,70.

577. — Troupe de Comédiens; aquarelle.

H., 0m,41. L., 0m,52.

578. — Un Foyer de théâtre; aquarelle.

H., 0m,48. L., 0m,39.

Ces trois aquarelles font partie de la collection de M. J. CLAYE.

BOUCHER.

579. — Jeune fille, pastel.

Collection de M. ROTHAN.

BOTH (JEAN).

580. — Le Pont de bois; dessin à la plume et à l'encre de Chine.

H., 0m,00. L., 0m,00.

Collection de M. DUTUIT.

DECAMPS.

581. — Samson; dessin n° 1.

Un ange se montre à Manné et à sa femme, leur annonce la naissance de Samson et disparaît ensuite au milieu des flammes de l'holocauste qu'ils offraient au Seigneur.

Livre des Juges, ch. XIII.

582. — Samson; dessin n° 2.

L'esprit du Seigneur s'étant saisi de Samson, il déchira le lion comme il aurait fait d'un chevreau.

Livre des Juges, ch. XIV, 6.

583. — Samson; dessin n° 3.

Samson prit trois cents renards qu'il lia l'un à l'autre par la queue et y attacha des flambeaux, et les ayant allumés, il chassa les renards, qui mirent le feu au blé des Philistins.

Livre des Juges, XV, 45.

584. — Samson; dessin n° 4.

Les Philistins venant à la rencontre de Samson avec de grands cris, il trouva une mâchoire d'âne, la prit et en tua mille hommes.

Livre des Juges, XV, 15.

585. — Samson; dessin nº 5.

Samson prend les deux portes de la ville de Gaza, les met sur ses épaules et les porte sur la montagne.

Livre des Juges, XVI, 3.

586. — Samson; dessin nº 6.

Dalila l'ayant lié, après avoir fait cacher des gens dans sa maison, elle lui crie : « Samson, voilà les Philistins qui fondent sur nous! » mais s'éveillant aussitôt, il rompit ses liens comme on romprait un filet.

Livre des Juges, XVI, 12.

587. — Samson; dessin nº 7.

Samson, la tête rasée, est livré sans défense aux mains des Philistins.

Livre des Juges, XVI, 20.

588. — Samson; dessin nº 8.

Les Philistins, l'ayant pris, lui crevèrent les yeux, et l'ayant mené à Gaya chargé de chaînes, ils l'enfermèrent dans une prison, où ils lui firent tourner la meule du moulin.

Livre des Juges, XVI, 21.

589. — Samson; dessin nº 9.

Samson s'écria : « Que je meure avec les Philistins! » Et ayant ébranlé les colonnes avec grande force, la maison s'écroula sur les princes et le peuple qui était là.

Collection de M. FRANÇOIS DELESSERT.

Livre des Juges, XVI, 30.

590. — La Grenouille et le Bœuf; dessin aquarelle.

H., m, . L., m, .

591. — Le Meunier, son Fils et l'Ane; dessin aquarelle et gouache.

Collection de Mme LEE CHILDE.

592. — Josué arrêtant le soleil; dessin.

H., 0m,68. L., 2m,85.

Collection de M. Arthur REVENAZ.

CANALETTO (Antonio).

593. — Vue de l'Arc de Constantin et d'une partie de l'Amphithéâtre de Vespasien; dessin à la plume, lavé d'encre de Chine.

H., m, . L., m, .

CUYP (Albert).

594. — Un Berger conduisant trois vaches sur un pont; dessin à la plume, lavé d'encre de Chine.

H., m, . L., m, .

DOES (Jacob Van Der).

595. — Un Bélier et trois Moutons près d'une ruine dans un paysage italien; dessin à l'encre de Chine.

H., m, . L., m, .

DUJARDIN (Karel).

596. — Paysage avec figures; dessin à la plume et au bistre.

H., m, . L., m, .

DYCK (Antoine Van).

597. — Portrait du cardinal Bentivoglio; dessin à la plume et au bistre.

H., m, . L., m, .

598. — Portrait de Guillaume de Vos; dessin au crayon noir; il a été gravé.

H., m, . L., m, .

EECKHOUT (Gerbrand Van Den).

599. — Agar et Ismaël renvoyés par Abraham; dessin à la plume et au bistre.

H., m, . L., m, .

Ces sept dessins font partie de la collection de M. DUTUIT.

GÉRARD (baron).

600. — Croquis à la sépia d'après Mme Récamier.

H., 0m,30. L., 0m,28.

601. — Portrait de Mme Pierre Bajon; dessin.

H., 0m,19. L., 0m,14.

Ces deux dessins font partie de la collection de M. le baron GÉRARD.

GELLÉE (Claude dit le Lorrain).

602. — Vue du Prato Lungo, à environ six lieues de Rome; dessin à la sépia.

H., m, . L., m, .

GRANET (François-Marius).

603. — Communion donnée à des cu1es filles chrétiennes dans les catacombes de Rome; aquarelle.

H., m, . L., m, .

Ces deux dessins font partie de la collection de M. DUTUIT.

GREUZE.

604. — Tête de vieillard; dessin.

H., 0m,50. L., m,39.

Collection de M. le marquis de SÉGUR, conseiller d'État.

605. — L'Accordée de village; dessin à l'encre de Chine.

H., m, . L., m, .

C'est la première idée du tableau qui est au musée du Louvre.

GUARDI (Francesco).

606. — Vue du pont Rialto; dessin à la plume et au bistre.

H., m, . L., m, .

HOBBEMA (Meindert).

607. — Vue des environs de Bentheim; dessin à la pierre noire et à l'encre de Chine.

H., m, . L., m, .

HOOGSTRATEN (Samuel Van).

608. — Moïse trouvé par la fille de Pharaon; dessin à la plume et à la sanguine.

H., m, . L., m, .

Ces quatre dessins font partie de la collection de M. DUTUIT.

INGRES.

609. — Henri IV et l'ambassadeur d'Espagne; dessin.

H., m, . L., m, .

610. — Francesca di Rimini; dessin.

H., m, . L., m, .

611. — Le Duc de Berwick recevant le collier de la Toison d'Or des mains de Philippe V; dessin.

H., m, . L., m, .

Ces trois dessins font partie de la collection de M. Eugène LE COMTE.

612. — La Baigneuse; dessin et aquarelle.

H., 0m,33. L., 0m,23.

613. — Plafond de Napoléon Ier.

H., m, . L., m, .

614. — Apothéose d'Homère; dessin.

H., m, . L., m, .

Ces trois dessins font partie de la collection de Mme INGRES.

615. — Huit dessins.

H., m, . L., m, .

Collection du musée de Montauban.

616. — Apothéose de Napoléon Ier; esquisse.

H., 0m,42. L., 0m,37.

Collection de M. le comte WELLES DE LAVALETTE.

ISABEY.

617. — Portrait de François Gérard.

H., 0m,20. L., 0m,17.

Collection de M. le baron GÉRARD.

JORDAENS (JACQUES).

618. — Le Roi boit; dessin à l'aquarelle.

H., m, . L., m, .

A été gravé par Pontius.
Collection de M. DUTUIT.

KOUARSKI.

619. — Portrait de Marie-Antoinette; pastel non achevé.

H., m, . L., m, .

Collection de M. le duc DES CARS.

LAMY (EUGÈNE).

620. — Fête chez la Reine; aquarelle.

H., 0m,22. L., 0m,35.

Collection de M. LALLEMAND.

621. — Abdication de Marie Stuart.

H., m, . L., m, .

622. — Chez la Reine à Saint-James; aquarelle.

H., m, . L., m, .

623. — Elle aime à rire; aquarelle.

H., m, . L., m, .

Collection de M. le baron DE SOUBEYRAN.

LIOTARD.

624. — Portrait de Mme Favart.

H., 0m,70. L., 0m,55.

625. — Portrait de Favart.

H., 0m,70. L., 0m,55.

Collection de Mlle FAVART.

LOO (VAN).

626. — Dessin.

H., 0m,56. L., 0m,41.

Collection de Mlle FAVART.

MIERIS (F. VAN, LE VIEUX).

627. — La Visite.

H., m, . L., m, .

Une jeune femme tenant un perroquet de la main gauche est assise devant une table de toilette; elle parle avec une vieille qui annonce l'approche d'un cavalier qui entre par la porte du fond à gauche.

Dessin au crayon noir, sur vélin.

Collection de M. DUTUIT.

NANTEUIL.

628. — Portrait de Mme de Sévigné; pastel.

H., 0m,50. L., 0m,40.

Collection de Mme la comtesse de LAUBESPIN.

NETSCHER (GASPARD).

H., m, . L., m, .

629. — Leçon de musique, donnée par un seigneur à une jeune dame; dessin à l'encre de Chine.

H., m, . L., m, .

Collection de M. D.

OMMEGANCK (BALTHAZAR-PAUL).

630. — Mouton et Chèvre, couchés dans un paysage; dessin à l'encre de Chine.

H., m, . L., m, .

OSTADE (ADRIEN VAN).

631. — Musiciens ambulants à la porte d'une chaumière; dessin à l'aquarelle.

H., 0m, . L., m, .

Collection de M. DUTUIT.

PRUDHON.

632. — Les Arts.

633. — Les Richesses.

H., 0m,22. L., 0m,05.

Collection de S. A. R. Mgr le duc D'AUMALE.

PERRONEAU.

634. — Le comte de Bastard.

H., m, . L., m, . .

Collection de M. WILSON.

ROMANO GIULIO.

635. — Une tête de femme.

Collection de S. A. R. Mgr le duc D'AUMALE.

LA ROSALBA.

636. — Portrait de Mlle de Charolais.

H., 0m,66. L., 0m,40.

Collection de Mme la comtesse DE NADAILLAC.

RUYSDAEL (JACQUES).

637. — Tête de femme.

Pastel.

638. — Entrée d'un bois; dessin à l'encre de Chine.

A été gravé par Bléry.
Collection de M. DUTUIT.

H., m, . L., m, .

SAFTLEVEN (HERMANN).

639. — Paysage montagneux; dessin à la plume et au bistre.

Collection de M. DUTUIT.

H., 0m,00. L., 0m,00.

SANZIO (Raphael).

640. — Têtes de vieillard.

H., m, . L., m,

641. — Têtes de vieillard.

H., m, . L., m, .

642. — Têtes de vieillard.

Cartons. H., m, . L., m, .

Collection de S. A. R. Mgr le duc d'AUMALE.

643. — Sainte Cécile; dessin à la plume et au bistre.

H., m, . L., m, .

Collection de M. DUTUIT.

SWANWELT (Herman).

644. — Paysage; dessin à la plume, rehaussé d'encre de Chine et de bistre.

Collection de M. DUTUIT.

H., m, . L., m, .

ARY SCHEFFER.

645. — L'Age de fer; dessin.

H., 0m,47. L., 0m,58.

646. — Le Massacre des femmes souliotes; dessin.

H., 0m,53. L., 0m,76.

Collection de Mme MARJOLIN SCHEFFER.

VELDE (Willem Van).

647. — Départ de Charles II d'Amsterdam; dessin à l'encre de Chine.

H., m, . L., m, .

648. — Épisode du départ de Charles II, d'Amsterdam; dessin à l'encre de Chine.

H., m, . L., m, .

649. — Marine par un temps calme; dessin à l'encre de Chine.

H., m, . L., m, .

VISSCHER (Cornelis de).

650. — Portrait d'homme assis; dessin à la pierre noire et au crayon rouge.

H., m, . L., m, .

WATTEAU (Antoine).

651. — Jeune Femme à sa toilette; dessin aux trois crayons.

H., m, . L., m, .

A été gravé.

WOUWERMAN (Philip).

652. — Le Manége; dessin à la pierre noire et à l'encre de Chine.

H., m, . L., m, .

ZEEMAN (Reinier).

653. — Marine avec une flotte hollandaise; dessin à l'encre de Chine.

H., m, . L., m, .

Ces sept dessins font partie de la collection de M. DUTUIT.

WILLE, gravure. École française.

654 — Noce villageoise.

Collection de M. COSTER.

GREUZE.

655. — Le Marquis de Pange; pastel.

H., 0m,30. L., 0m,30.

656. — Le Chevalier de Pange; pastel.

H., 0m,39. L., 0m,30.

Collection de M. le marquis DE PANGE.

657. — Portrait de Voltaire.

H., m, . L., m, .

Gouache attribuée à Carmontel.
Provenant de la vente et du château de la marquise de Vilette.

Collection de M. ROTHAN.

658. — Portrait d'homme; pastel.

H., 0m,63. L., 0m,53.

Collection de M. SEROT.

SEROT.

658 *bis*. — Portrait d'Homme (Pastel).

H., 0m,63. L., 0m,53.

MINIATURES

659. — Collection de M. VINCENT.

AUGUSTIN.

1. — Portrait de Mme Vigée-Lebrun et de sa fille; miniature.

2. — Portrait de la reine Marie-Antoinette.

3. — Portrait de l'impératrice Joséphine.

DROUAIS.

4. — Portrait de Boucher.

ISABEY.

5. — Portrait de la duchesse d'Abrantès.

HALL.

6. — Portrait de la princesse de Lamballe.

7. — Portrait de Mme d'Estrada.

8. — Portrait de Mme de Flavacourt.

9. — Portrait de M. de Modène.

10. — Portrait de Mlle Romane.

11. — Portrait de Sophie Arnould.

12. — Jeune Femme.

13. — Jeune Fille.

14. — Fleurs.

LAURENT.

15. — Portrait d'enfant.

LAWRENCE.

16. — Réunion dans un parc.

17. — La Mariée de village.

18. — Amours et Grâces.

PERIN.

19. — Portrait de Désaugiers.

SAINT.

20. — Portrait de Beaumarchais.

VAN BLARENBERGHE.

21. — Un Homme cueillant des fruits.

22. — Musiciens jouant et dansant devant une famille de villageois.

23. — Passage d'un gué.

24. — Fête de village.

25. — Fleurs.

DUMONT.
26. — Portrait de la duchesse d'Orléans.

GUARDI.
27. — Femme.

HALL.
28. — Portrait d'enfant.

VESTIER.
29. — Portrait de femme.

HALL.
30. — Portrait de jeune fille.

FRAGONARD.
31. — Portrait de femme.

VAN SPAENDONCK.
32. — Fleurs.

HALL.
33. — Portrait de femme.

PERIN.
34. — Portrait de femme.

INCONNU.

35. — Jeune fille.

CH. LIOUX DE SAVIGNAC.

660. — Sujet villageois.

661. — Sujet champêtre.

Collection de M. HOLLARD.

DUMONT (attribué à). 1751 — 1833.

662. — Portrait de Louise-Marie-Adélaïde de Bourbon-Penthièvre (1753 — 1821), femme de Louis-Philippe-Joseph, duc d'Orléans (1751 — 1793).

Ce portrait doit avoir été fait vers 1797. A cette date, la duchesse d'Orléans obtint d'être transférée de la prison du Luxembourg dans une maison de santé et fut ensuite déportée en Espagne. Trois petits oiseaux sur une branche d'arbre, une cage ouverte, et la légende « ils sont réunis » font allusion aux trois princes ses fils : le duc d'Orléans (Louis-Philippe), le duc de Montpensier et le comte de Beaujolais, qui se retrouvèrent aux États-Unis en 1796.

663. — Portrait de Marie-Louise S. L. de Mante, femme de A.-L. de Bourge, architecte du roi, et deux de ses enfants, 1787.

664. — Miniatures diverses, XVIIe et XVIIIe siècles.

Ces trois miniatures font partie de la collection de Mme JULIETTE DE BOURGE.

AUGUSTIN.

665. — Portrait de M. de Mahy.

Ces trois miniatures font partie de la collection de Mme DE MAHY-PALLIER.

DUMONT.

666. — Portrait de la reine Marie-Antoinette.

Répétition du dernier portrait.

Collection de M. FEUILLET DE CONCHES.

667. — Portrait de François-Joseph Dupleix.

Collection de M. PIERRE MARGRY.

PARIS. — J. CLAYE, IMPRIMEUR, 7, RUE SAINT BENOIT. — [736]

www.ingramcontent.com/pod-product-compliance
Lightning Source LLC
LaVergne TN
LVHW010613110826
845149LV00003B/890

* 9 7 8 2 0 1 4 4 7 8 3 1 0 *